E. AUBERT   et   JEAN LETORT

PROFESSEUR   AVOCAT A LA COUR D'APPEL

POUR QUE LA FRANCE VIVE

L'ALCOOLISATION DE LA FRANCE

AVEC 5 GRAPHIQUES

ÉDITIONS BOSSARD

43, RUE MADAME, 43

PARIS

1920

L'ALCOOLISATION DE LA FRANCE

PROFESSEUR E. AUBERT, du Lycée Charlemagne
Lauréat de l'Institut

Pour que la France vive

L'ALCOOLISATION DE LA FRANCE

Avec la collaboration de Jean LETORT,
Avocat à la Cour d'Appel, pour la partie législative

CINQ GRAPHIQUES

ÉDITIONS BOSSARD
43, RUE MADAME, 43
PARIS
1920

AVANT-PROPOS

A PRÈS la guerre effroyable que nous venons de
subir, une âpre lutte économique s'engage
entre les nations. La plus grande mutilée de cette
période sanglante, la France, n'a même pas le
loisir de panser en *paix* ses blessures ; il lui faut
participer en hâte à la lutte nouvelle, sous peine
de compromettre son avenir.

Or nos provinces du Nord dévastées, nos usines
systématiquement détruites, notre sol cultivable
bouleversé dans toute la zone de bataille, nos
richesses minières et forestières inexploitables
pendant de longues années peut-être, la transformation indispensable de nos ports à aménager
pour de plus larges échanges avec le monde et
notre marine de commerce à reconstituer, notre
outillage économique à perfectionner en corrélation avec l'utilisation de la houille blanche pour
l'électrification de nos chemins de fer et de nos
établissements industriels, sans compter la
transformation totale de notre système désuet

d'éclairage ; tout cela impose au pays un effort presque surhumain.

Mais la France est privée aujourd'hui de 1.500.000 de ses fils les plus vigoureux (parmi lesquels de puissantes intelligences trop légèrement sacrifiées). — Ses mutilés se comptent par centaines de mille ; nombre de ses prisonniers lui sont revenus dans un état de santé précaire, des camps de concentration où ils ont subi les plus dures privations. — Mutilés et captifs ne peuvent participer que d'une manière insuffisante à notre indispensable relèvement.

Il nous faut cependant produire à tout prix pour réparer nos désastres et relever notre crédit si compromis à l'heure actuelle ; *il nous faut,* jeunes et vieux, aux champs, à l'atelier, à l'usine, dans la mine, *travailler assidûment, avec discipline et abnégation,* en mettant à contribution toutes les ressources de notre intelligente activité ; dans le *domaine de la recherche scientifique pure notamment,* nous devons nous maintenir au premier rang.

Réagissons donc vigoureusement contre toutes les causes qui peuvent affaiblir notre rendement : d'abord contre cette terrible *maladie morale* qui s'appelle la *négation* ou l'*incompréhension du devoir social,* source de tant de difficultés présentes ; puis contre les *maladies qui nous intoxiquent* et diminuent notre capacité de travail.

L'alcoolisme et la tuberculose sont les plus graves parmi ces maladies dernières, avec la syphilis, la morphinomanie, etc...

Leurs lieux d'élection sont le *cabaret* et le *taudis*.

Le **cabaret** *est*, suivant les cas, la *cause* ou la *conséquence de l'alcoolisme*. — Nous pouvons affirmer de même que *le* **taudis**, cette plaie honteuse de nos grandes villes et de notre société moderne, *est la cause et la conséquence*, à la fois, de l'alcoolisme et de la tuberculose étroitement liés, comme nous le démontrerons.

Combattre l'alcoolisme, c'est pourchasser la misère et les odieuses contagions morales et physiques qui en dérivent ; c'est assainir l'esprit et le corps ; c'est réfréner la criminalité ; c'est supprimer le taudis, égayer de soleil le logis familial, y donner accès au bonheur, revivifier la famille, *repeupler et sauver la Patrie.*

I

LE MAL ALCOOLIQUE

LES PROGRÈS DE L'ALCOOLISME
EN FRANCE

Leurs causes

L'USAGE des **boissons alcooliques** *fermentées* remonte à la plus haute antiquité.

L'homme préhistorique savait fabriquer du vin, non seulement avec le jus du raisin, mais avec des framboises, des mûres, des myrtilles, etc. — Les Grecs consommaient la *bière* sous le nom de vin d'orge. — Les Romains ont fait connaître le *cidre* en Gaule ; l'extension de la culture du pommier sur les bords de la Manche remonte à l'invasion normande ([1]).

L'usage des **boissons distillées** ne s'est répandu qu'au xixᵉ siècle. En France notamment, *l'eau-de-vie* la plus courante était *tirée du vin par distillation* (cognac, armagnac) ; on en consom-

---

([1]). Docteurs Triboulet, Mathieu et Mignot, *Traité de l'alcoolisme.* Masson et Cⁱᵉ, Éditeurs.

mait peu, et beaucoup moins encore *d'alcools d'industrie* (de betteraves et de mélasses en particulier).

OIDIUM. PHYLLOXERA ([1]). Mais les ravages causés au vignoble français par l'oïdium en 1853, par le phylloxera à partir de 1866, en réduisant la production du vin, donnèrent à la fabrication et à la consommation des alcools d'industrie un essor fantastique et lamentable : — En 1879, la production de *l'alcool de vin* était réduite à peine à 27.000 hectolitres et n'a guère varié depuis ; celle des *alcools d'industrie* était portée, en 1900, à 2.451.900 hectolitres.

BOUILLEURS DE CRU. — Dans l'évaluation qui précède ne figure pas la quantité d'eau-de-vie produite par les bouilleurs de cru, c'est-à-dire par les viticulteurs et cidriers auxquels a été concédée la faculté de distiller leurs marcs et leurs lies, à la seule condition que l'eau-de-vie ainsi produite servirait à leur *consommation fa-*

([1]). *L'oïdium* est un champignon microscopique qui enserre notamment de ses filaments mycéliens les grains de raisin, les fait éclater et s'oppose à leur développement.

Le *Phylloxéra* est un insecte suceur, long de 1 millimètre, qui vit indifféremment sur les tiges, les feuilles de la vigne et sur ses racines où il provoque des nodosités, en tuant rapidement la plante.

miliale — ô douce ironie des termes ! — nous devrions dire : à leur *empoisonnement familial* (¹). Les bouilleurs, abusant de ce privilège néfaste, ont distillé en outre des fruits, des graines et des racines [qu'ils achetaient] pour en tirer de l'alcool vendu par eux en fraudant le fisc.

Comme le prix de revient des *alcools* dits d'*industrie* est d'autant plus faible que la production s'en fait sur une plus grande échelle, ces alcools ont été répandus et consommés à profusion dans le pays, *sans préjudice* des boissons fermentées.

L'Allemagne d'ailleurs nous inondait, pendant cette période, de ses alcools de grains, de pommes de terre, etc... sans que nous puissions endiguer cette invasion par des droits de douane prohibitifs, en raison du traité de Francfort.

La consommation d'alcool à 100° qui était de 714.810 hectolitres en 1855, atteignait 1.675.000 hectolitres en 1913, non compris la consom-

---

(¹). *Le privilège des bouilleurs de cru est illégal* ; car *aucun texte de loi*, dans le passé, *ne le consacre formellement.* (Député Tournan, rapporteur de la Commission de législation fiscale de la Chambre des Députés, 1917). — Le nombre des bouilleurs, en France, s'est accru en 50 ans dans les formidables proportions suivantes:

En 1869	90.869 bouilleurs
1880	443.930
1890	531.219
1900	925.910
1913	1.070.451.

mation familiale (1) des bouilleurs de cru qui représente elle-même plusieurs centaines de mille hectolitres, d'après les évaluations les moins exagérées.

APÉRITIFS. — Encore nous faut-il ajouter, pour bien montrer les progrès de l'alcoolisation du pays, l'apparition vers 1872 des *apéritifs* fortement alcoolisés et aromatisés (absinthe et similaires, bitters, amers, etc) dont la. consommation a pris une allure vertigineuse, ainsi qu'en témoignent les nombres suivants :

Consommation d'absinthe	en 1873......	6.713	hectolitres
	1880......	12.670	—
	1884......	84.765	—
	1904......	207.930	—
	1913......	239.992	—

Au moment où les Chambres françaises supprimèrent la fabrication, la vente et la circulation de l'absinthe en 1915, *la France consommait* **à elle seule** *les 2/3 de l'absinthe produite dans le monde entier* (1).

----

(1). L'origine de l'usage de l'absinthe, en France, paraît être celle-ci : Lors de la conquête de l'Algérie, sous le second Empire en particulier, alors que les limites de notre possession africaine étaient portées progressivement vers le désert, nos détachements du corps expéditionnaire éprouvaient plus de difficulté à se procurer de l'eau potable.

Il fut alors conseillé aux soldats, par les médecins mili-

EXTENSION DES CENTRES INDUSTRIELS.

— Depuis 70 ans, l'industrie a pris un développement considérable ; les centres industriels se sont multipliés, avec un *personnel ouvrier* de plus en plus nombreux, mais recruté au préjudice de la population agricole, étant donnée l'insuffisance de notre natalité.

L'ouvrier d'usine, contraint de travailler à une distance parfois très grande de son logis, n'a pu y rentrer pour son repas de midi et pour collationner au cours d'une longue journée. Ainsi l'homme — et parfois la femme employée dans les mêmes conditions — ont été soustraits à leur foyer : une *atteinte regrettable* a été portée, de ce fait, *à la vie familiale.*

MULTIPLICATION DES DÉBITS. — Les industriels auraient dû prévoir un aussi grave

---

taires, d'additionner l'eau impure de *quelques gouttes* d'absinthe par *litre d'eau*, afin d'y tuer les microbes pestilentiels. Le breuvage acquérait, de ce fait, une saveur agréable qui amena les hommes à augmenter progressivement la dose d'absinthe jusqu'à l'exagération.

Évitant *consciemment* le danger des fièvres, ils se livraient *inconsciemment* à cet autre danger bien plus redoutable : *l'absinthisme.*

Rentrés en France, ils y ont conservé leur habitude et répandu l'usage de la *liqueur verte* qui est devenu rapidement un abus. Nous en préciserons plus loin les néfastes conséquences.

inconvénient et l'atténuer en créant des *restaurants populaires* voisins des usines, assurant à
leurs employés une nourriture saine et substan-
tielle, *à bon compte*, et de plus des *salles d'abri*
avec distractions salutaires et reposantes, un *jardin* ou un *parc* pour l'exercice ou le jeu au grand
air, ne fût-ce que pendant une heure au milieu
de la journée de travail.

Peu d'improvisations de ce genre ont été réa-
lisées en France ; mais en revanche, tout à l'en-
tour des usines se sont multipliés des établissements : les uns où l'on donne à manger et à boire,
les autres qui sont exclusivement des *débits de
boissons* où l'ouvrier, entraîné par l'exemple de
mauvais camarades, a pris l'habitude de boire
avec excès, en fumant, discutant ou se disputant
trop souvent. — *Le* **restaurant bienfaisant** *a
fait place au* **cabaret**, lieu d'alcoolisation progressive qui s'est édifié partout, dans les villes
notamment, à outrance dans les quartiers populeux ; ici, il est devenu un lieu de perversion
morale autant que physiologique (surtout les
cabarets chantants), un centre d'excitation à la
paresse, parfois un rendez-vous habituel de malfaiteurs.

Au nombre de 291.244 en 1855, les débits se
chiffraient par plus de 496.000 en 1913 :

	⎧	à Paris	11.25
	⎪	à San-Francisco........	8.81
Nombre de débits	⎨	à Bordeaux	5.44
par 1.000 habitants	⎪	à Chicago.............	3.95
en 1909	⎪	à New-York	3.15
	⎪	à Philadelphie	1.34
	⎩	à Londres	1.31

PARIS, la **VILLE-LUMIÈRE,** compte plus de débits que **SAN-FRANCISCO,** cette ville où semble s'être donné rendez-vous le rebus de tous les aventuriers du monde.

Nous pouvons dès maintenant, avec le regretté Professeur Courmont, de Lyon, indiquer l'un des inconvénients de cette multiplicité des débits de boissons pour la prospérité du Pays : — Un ouvrier, abandonnant par jour seulement 0 fr. 55 de son salaire dans un débit, y laisse par an 200 frs ; *15 ouvriers*, achalandant le même débit, *suffisent à l'entretenir avec un versement annuel* de 200 frs $\times$ 15 = 3.000 frs.

Résultat : la *famille* privée d'une ressource non négligable, le *buveur* atteint dans sa vigueur, le *Pays* privé du travail normal de 400.000 hommes qui pourraient employer *à son profit* leur force physique et leur intelligence, au lieu d'empoisonner leurs concitoyens.

LES BOISSONS ALCOOLIQUES

LEUR NATURE. — Les boissons dites alcooliques se classent :

En boissons fermentées, titrant de 2 à 10 % d'alcool éthylique, à savoir le vin, le cidre, la bière, etc... dues à la fermentation des liquides sucrés extraits du raisin, de la pomme, du malt d'orge germé, etc. ;

En boissons distillées ou eaux-de-vie, titrant de 25 à 50 % d'alcool éthylique en général ; celles-ci proviennent de la distillation des boissons fermentées (cognac, calvados), des marcs et lies, de fruits, de graines, de betteraves, de pommes de terre, etc... (alcools industriels).

Des boissons *fortement alcoolisées et aromatisées* constituent le groupe des *apéritifs* : bitters, amers (aromatisés par de l'écorce d'oranges amères, du zest de citron, du quinquina, de l'aloès, etc.) ; similaires d'absinthe (additionnés d'essences d'origine végétale ou chimique).

Les **spiritueux** contiennent souvent, outre une forte proportion d'alcool éthylique, d'autres alcools, des aldéhydes, des essences,... tous de toxicité plus ou moins accusée. — Les essences (entre autres celles d'hysope, de sauge, de fenouil, d'anis, de badiane, d'absinthe, etc.) ont des propriétés convulsivantes, épileptisantes, stupéfiantes, qui provoquent les troubles les plus graves dans le domaine de la sensibilité, de l'intelligence et de la motricité.

LEUR TOXICITÉ. — Sous l'empire des boissons alcooliques qu'on leur fait ingérer, le chien, le lapin, le cobaye se comportent *physiologiquement* de même que l'homme.

On a donc pu déterminer par l'expérience, sur ces animaux, *la quantité minimum de telle ou telle substance capable de tuer 1 kilogramme d'animal,* et évaluer ainsi scientifiquement la valeur toxique, le *coefficient de toxicité* de ces substances.

Le tableau suivant contient quelques-uns des résultats obtenus (Docteurs Joffroy et Serveaux) :

Alcool éthylique	11 g. 7
propylique	3 g. 4
butylique..............	1 g. 45
amylique	0 g. 63
Aldéhyde éthylique	1 g. 14
Furfurol...............	0 g. 20

> Cognac.................. 11 g. 4
> Calvados................ 10 g. 6
> Marc de Bourgogne...... 9 g. 8
> Alcool de topinambour... 7 g. 8

Ce qui signifie que l'alcool amylique (tiré de l'alcool de pommes de terre) est environ 20 fois plus dangereux que l'alcool éthylique (du vin) ; que le furfurol (tiré d'alcools industriels de dernière qualité et vendus à un bon marché excessif) est 60 fois plus toxique que le même alcool éthylique.

LEURS EFFETS GÉNÉRAUX. — *L'alcoolisme* résulte *de l'intoxication de notre organisme par l'alcool ingéré* : soit à doses massives, soit à doses moindres, mais plus ou moins fréquentes, de telle sorte que nos tissus s'en imprègnent et subissent des altérations qui troublent leur normal fonctionnement.

Les manifestations de l'alcoolisme ont trois aspects :

1° L'accès d'*ivresse* passagère, — préludant souvent à l'alcoolisme définitif, — dû à l'ingestion d'une dose exagérée de vin, de cidre ou de bière ; (cet accès ne laisse pas de trace durable chez l'intempérant accidentel à de longs intervalles) ;

2° *L'alcoolisme chronique* qui résulte d'une intoxication permanente en quelque sorte, par l'absorption *journalière*, à doses même assez faibles, de boissons alcooliques fermentées ou distillées ;

3º L'*alcoolisme latent*, se manifestant tôt ou tard chez le consommateur habituel de boissons alcooliques à doses trop faibles pour susciter l'ivresse, mais suffisantes pour l'envahir insidieusement et accuser nettement un jour les symptômes de l'alcoolisme chronique. (Cet alcoolisme latent est le propre des individus qui se livrent à un travail sédentaire — de bureau notamment — sans prendre d'exercice suffisant en plein air.)

L'ALCOOL EST-IL UN ALIMENT ?

Un aliment est une substance destinée :

soit à *réparer nos organes* qui s'usent — comme toute machine — par l'exercice même de la vie ;

soit à nous fournir l'*énergie calorifique* nécessaire pour une part aux réactions intimes de nos cellules constitutives, pour une autre part à l'utilisation comme énergie de mouvement.

Les **aliments réparateurs** de l'organisme, dits **aliments plastiques**, sont des *protéines* composées de carbone, d'hydrogène, d'oxygène et d'azote, comme l'*albumine* de l'œuf, la *caséine* du fromage, la *musculine* de la viande, le *gluten* des céréales, etc...

Les **aliments dits respiratoires**, qui nous fournissent l'énergie calorifique, sont : les *sucres* (comme le glucose ou sucre de fruits, le saccharose ou sucre de betteraves), les *féculents* et les *graisses* ; ils sont composés seulement de carbone, d'hydrogène et d'oxygène.

Si ces aliments respiratoires entrent en quantité suffisante dans notre ration journalière, notre corps maintiendra ses réserves à peu près intactes, puisque l'oxydation du sucre, de l'amidon, des graisses, satisfera à nos besoins en énergie calorifique. S'ils sont pris en *quantité trop grande*, notre corps augmentera ses réserves en glycogène et en graisse. Par contre si la quantité absorbée en est *insuffisante*, non seulement l'organisme épuisera ses réserves à la longue, mais il attaquera et brûlera aussi ses protéines.

Or les **alcools** (l'*alcool* de vin ou *éthylique* en particulier) se rapprochent des aliments respiratoires par leur composition chimique élémentaire ; ils brûlent dans nos lampes : ce sont donc des combustibles, des sources d'énergie.

En pouvons-nous prendre à titre alimentaire ?

Pour répondre à cette question, reproduisons au préalable cette comparaison ingénieuse souvent invoquée : « Une machine à vapeur pourrait être alimentée par de l'eau *additionnée d'acide sulfurique* portée à l'ébullition, comme elle l'est par *l'eau ordinaire* ; seulement par l'emploi d'eau acidulée, elle serait plus ou moins rapidement altérée dans ses divers organes, et bientôt incapable de fonctionner comme elle le fait normalement avec l'eau ordinaire. »

De multiples expériences ont montré que, dans l'organisme humain (le seul qui nous intéresse ici), l'alcool exerce une action dissolvante comparable à celle de l'eau acidulée dans une machine à vapeur, surtout lorsqu'il est pris à une *dose dépassant 70 grammes par jour, pour un homme actif, bien portant, de poids moyen 70 kilogrammes.*

a) Envisageons déjà le cas où *la dose d'alcool ingéré est supérieure à 70 grammes :* C'est au Professeur Chauveau du Muséum que nous devons les premières recherches, de caractère vraiment scientifique, faites à ce sujet :

Il fit faire à un chien (qui, au titre physiologique, se comporte comme l'homme) un repas matinal, journalier, de viande et de sucre ; immédiatement après, il faisait travailler l'animal une ou deux heures, dans un cylindre tournant au moyen duquel il mesurait le travail produit : l'expérience dura une semaine.

Puis il modifia le régime en remplaçant *une partie du sucre par une quantité isodyname d'alcool* (¹) et reprit l'expérience : la dose d'alcool

------

(¹) Deux *quantités isodynames* de sucre et d'alcool sont celles qui dégagent en brûlant *la même quantité de chaleur* et *rendent disponible la même quantité d'énergie :* 100 grammes de sucre sont isodynames de 65 centilitres de vin à 9° ; 82 grammes de pommes de terre ou de riz, ou employée correspondait à 48 grammes d'alcool absolu pour un chien pesant 18 kilogrammes.

[Cette ration représente, pour un homme de 70 kilogrammes, 187 gr. ou deux litres de vin à 9°3 %.] L'effet fut fortement narcotique et la quantité de travail bien moindre qu'avec le régime ordinaire ; l'alcool exerçait une action paralysante sur le système nerveux.

Le Professeur Chauveau formula les conclusions suivantes :

« La substitution partielle de l'alcool au sucre (isodyname) dans la ration alimentaire d'un sujet qui travaille, administrée peu de temps avant le travail, détermine : une *diminution de la valeur absolue du travail musculaire*, une stagnation ou même un *amoindrissement de l'entretien* du sujet, une *élévation de la dépense énergétique par rapport à la valeur du travail accompli.* »

b) Mais qu'arrive-t-il quand la *quantité d'alcool ingéré est assez faible pour ne pas produire un effet sensible sur le système nerveux ?*

Les physiologistes américains Atwater et Bénédict ont utilisé, pour ces recherches, un *calorimètre respiratoire* (basé sur le principe du calorimètre de Berthelot) assez vaste pour contenir

---

bien 42 grammes de graisse, fournissent aussi la même énergie et coûtent moins cher que le vin.

une personne qui y put séjourner jusqu'à 9 et même 12 jours consécutifs (¹). Divers dispositifs permettaient de ventiler, de mesurer et de recueillir tout l'air entrant et sortant, de mesurer et de régler la température, de contrôler la nourriture et tous les excreta du corps.

L'ensemble des expériences dura 143 jours ; les sujets en expérience étaient des *hommes actifs, vigoureux, âgés de 22 à 31 ans.* — Ils furent soumis d'abord à un régime ordinaire ; puis une partie des graisses et des hydrates de carbone fut remplacée par des quantités isodynames *d'alcool, sans dépasser la dose de 70 grammes par jour* (équivalant à une bouteille de bordeaux). Cette dose d'alcool était prise sous forme *d'alcool éthylique pur* dilué avec de l'eau et donné en 6 petites doses : 3 pendant les repas, 3 entre les repas, afin d'atténuer son action sur les nerfs.

Quel était l'objet des recherches ?

Précisons-le :

Dans quelle mesure l'alcool peut-il être comparé, pour sa valeur nutritive, aux graisses et aux hydrates de carbone ?

Les résultats principaux furent les suivants :

(¹) Ce calorimètre en cuivre avait 2 m. 15 de long, 1 m. 22 de large et 1 m. 92 de haut ; il contenait lit pliant, table, chaise, balance, bicyclette fixe ou autres appareils permettant à l'occupant de faire divers exercices musculaires.

1° L'alcool ne contenant pas d'azote ne peut évidemment ni construire ni réparer les tissus du corps.

2° Comme *combustible*, pris en *quantité modérée*, l'alcool est brûlé aussi complètement que les sucres et les féculents (98 °/₀), plus complètement que les graisses (95 °/₀) et que les protéines (71 °/₀).

3° L'alcool fournit, en brûlant, de l'énergie capable de produire du travail musculaire ou autre ; il protège les matériaux de réserve du corps contre l'épuisement, comme les sucres, les féculents et les graisses, mais *à la condition expresse* (nous le répétons) *de n'être pris qu'à dose modérée*.

L'alcool est-il désirable pour le travailleur ? — D'après les résultats des observations prises sur un nombre considérable de sujets, *une ration d'alcool prise pendant le travail semble être désavantageuse*.

La conclusion générale du rapport sur les recherches entreprises sous la direction d'Atwater est la suivante :

« Les boissons alcooliques *peuvent* être utiles (à dose modérée) pour réparer les forces, à la suite d'une journée de travail ; mais elles ont un *effet dépressif* et même *nuisible* quand elles sont prises, avant ou pendant un travail physique ou mental. »

Ces conclusions imprécises, tirées d'observations faites avec toute la rigueur désirable, mais portant sur *quelques* sujets seulement, *adultes* et *vigoureux, pendant quelques jours seulement*, ne sauraient infirmer les déductions des savants, médecins et physiologistes, qui **longuement** et **scrupuleusement** ont étudié l'action de l'alcool **sur les organismes les plus divers.**

Nous ne pouvons donc considérer l'alcool comme un réel aliment. — Si, en effet, *l'usage habituel des* **aliments véritables** (protéines, sucres, féculents, graisses) maintient l'organisme en bonne santé, *l'usage habituel des* **boissons alcooliques** compromet l'intégrité de nos fonctions, suscite notre dégénérescence plus ou moins hâtive, avec toutes les conséquences que nous analyserons plus loin.

Avec Atwater lui-même, nous conclurons :

« *L'alcool est un aliment, mais un* **mauvais aliment,** *un* **détestable aliment**» ; et encore, avec le regretté Docteur Triboulet :

« *Il n'est pas un seul être humain que la consommation de l'alcool, à doses choisies, ait rendu plus fort ; il n'est pas une famille, un groupe, un peuple, heureux, riche et grand par l'alcool.* »

Corollaire. — Sans parler du buveur invétéré pour qui l'alcool est une passion, le consommateur ordinaire, l'ouvrier surtout, achète du vin, du cidre, ou de la bière, pour compléter — prétend-il — sa ration alimentaire insuffisante, ou bien il prend de l'eau-de-vie pour se donner des forces — prétend-il toujours — ; il commet une **erreur fondamentale** puisque, de deux quantités isodynames : de vin, d'une part ; de sucre (ou toute autre substance hydrocarbonée ou grasse) d'autre part, la première coûte le plus cher et peut compromettre la santé du buveur.

GUERRE AUX PRÉJUGÉS

Bien que d'ordre essentiellement physiologique, la question relative aux effets pernicieux de l'alcool sur l'organisme humain mérite d'être exposée ici — brièvement tout au moins, — car elle étaye de données scientifiques précises les méfaits divers de l'alcoolisme retentissant sur l'*individu*, la *famille* et la *collectivité*. Elle nous fournit l'occasion de combattre de **néfastes préjugés,** trop ancrés dans l'esprit du public mal renseigné.

L'alcool, introduit sous forme de boissons dans notre organisme, enlève à nos cellules vivantes une partie de l'eau nécessaire à l'accomplissement de leurs fonctions. — Plus l'alcool est concentré (boissons *distillées*), plus rapide évidemment sera son action nocive.

Or les *globules rouges* du sang, chargés de porter l'oxygène de l'air de nos poumons à toutes nos cellules vivantes, sont altérés chez le buveur intempérant ; ils véhiculent une quantité d'oxygène insuffisante pour assurer les combustions internes, source de notre chaleur :

Première conclusion :

L'alcool ne réchauffe pas le corps, il le refroidit (¹).

Les *globules blancs* du sang ont pour rôle de nous préserver des microbes extérieurs qui peu-

-----

(¹) L'alcool, au lieu de chauffer réellement le corps, ne chauffe que la peau aux dépens des organes internes (cœur, poumons, intestin) qui éprouvent un refroidissement ; c'est que, par son action sur le système nerveux, les vaisseaux sanguins cutanés sont dilatés, le sang y afflue en chauffant agréablement la peau, mais il perd lui-même de la chaleur ; il retourne au cœur un peu plus froid qu'il ne l'a quitté, et cela à chaque révolution cardiaque. Au bout d'un certain temps, la température du buveur est notablement moindre qu'avant l'absorption d'alcool. Si l'homme est exposé à un grand froid, pendant longtemps, son existence est en péril, ainsi que le prouve l'anecdote suivante :

« Une troupe d'Américains, traversant la Sierra Nevada, campa en un point au-dessus de la limite des neiges et dans un endroit exposé. Quelques-uns absorbèrent une forte ration d'alcool avant de se coucher ; ils se sentirent tout réchauffés et s'endormirent. Quelques autres burent un peu d'alcool, et se couchèrent ayant légèrement froid. — Les derniers ne prirent pas d'alcool, s'étendirent absolument transis et mal à l'aise.

Le lendemain matin, ces derniers se réveillèrent tout à fait dispos ; ceux qui avaient pris un peu d'alcool, se levèrent ayant très froid ; les premiers qui en avaient bu beaucoup ne se réveillèrent point ; ils avaient péri de froid pendant la nuit. (*Bulletin de la Société Scientifique d'hygiène alimentaire et d'alimentation rationnelle de l'Homme*. Masson et Cⁱᵉ, Éditeurs. — Vol. VII, n° 7).

vent pénétrer en nous par les voies digestive et respiratoire, ou par les accidents de la peau. Paralysés par l'alcool chez le buveur, ils n'exercent plus leur fonction protectrice contre les germes de maladies :

Deuxième conclusion :

L'alcool prédispose le buveur aux maladies contagieuses — à la tuberculose notamment —, loin de l'en préserver.

Nos organes, groupements de cellules chargés d'attributions diverses, subissent deux sortes d'altérations du fait de l'alcool :

La *dégénérescence graisseuse*, d'une part ;

La sclérification de leurs éléments conjonctifs, d'autre part.

Dès lors :

a) La paroi du **tube digestif** (de l'estomac en particulier) est plus ou moins altérée, ainsi que les *glandes* qui y sont incluses ou annexées (glandes salivaires, gastriques, pancréas, foie, etc..). — Les sucs digestifs deviennent inactifs sur les aliments et le buveur dépérit.

Troisième conclusion :

L'alcool trouble la digestion et entrave la nutrition générale de l'organisme.

b) **La congestion** et l'inflammation de **l'appareil respiratoire** par l'alcool préparent le terrain aux bacilles de la *tuberculose,* de la *diphtérie,* etc.

c) **La paroi** du **cœur** s'infiltre de graisse, par dégénérescence de ses éléments musculaires ; l'organe se contracte avec de moins en moins de vigueur pour assurer la circulation d'un *sang plus ou moins vicié* d'ailleurs ; les organes de l'alcoolique sont mal nourris.

Quatrième conclusion :

L'alcool détermine l'insuffisance du cœur et la déchéance générale de l'organisme.

L'artério-sclérose se manifeste plus rapidement, en outre, chez le buveur intempérant.

d) **Les muscles** subissent la même dégénérescence graisseuse, du fait de l'action insidieuse de l'alcool ; leur *contractilité* et leur *élasticité* sont atteintes et l'*énergie musculaire* diminuée dans des proportions très notables, par l'insuffisance de nutrition et des combustions internes du muscle, tout à la fois.

Cinquième conclusion :

L'alcool ne donne pas de force au buveur.

[Remarque. — Le manouvrier, qui cherche dans le petit verre d'eau-de-vie une source d'énergie, n'en reçoit qu'une *force factice* due à une *excitation momentanée* du système nerveux, bientôt suivie d'une dépression contre laquelle cherche à réagir le buveur, en absorbant de nouveaux petits verres. Ainsi le malheureux illusionné glisse inconsciemment sur la pente de l'alcoolisme.]

e) Le **système nerveux** est un centre de prédilection de l'alcool qui a pénétré dans le sang ; le poison exerce ses ravages sur les *centres nerveux* plus ou moins rapidement et sérieusement atteints.

Les désordres les plus graves en résultent :

Intellectuellement, par une diminution de l'activité cérébrale, de la mémoire, de la faculté d'assimilation, de jugement et de raisonnement ;

Physiologiquement, par le déclanchement des troubles visuels et auditifs (hallucinations, cauchemars) suscitant des crises d'affolement, de colère, des accès de démence ; des troubles généraux (délire alcoolique, attaques d'épilepsie) ; la paralysie de la volonté, l'affaiblissement général du buveur invétéré, la sénilité précoce, le gâtisme, la paralysie générale, la mort prématurée.

Sixième conclusion :

L'alcool porte la plus grave atteinte aux facultés intellectuelles et morales de l'intempérant.

f) Les **organes reproducteurs** subissent, eux aussi, une altération telle que les descendants du buveur héritent pour la plupart d'une *tare alcoolique.*

Avortements, enfants mort-nés, mortalité infantile excessive, malformation des enfants d'alcooliques et multiples tares ultérieures sont les *conséquences de l'alcoolisme des procréateurs* ([1]).

Septième conclusion :

L'alcoolisme tue la race française.

([1]) Statistique d'Etcheverria : 63 alcooliques (hommes) et 47 alcooliques (femmes) ont eu 476 enfants dont le sort ultérieur a été le suivant : 3 sourds, 3 suicidés, 5 ataxiques, 7 paralytiques généraux, 9 choréiques, 13 idiots de naissance, 19 fous, 23 mort-nés, 23 paralytiques, 16 hystériques, 87 affections diverses, 93 épileptiques, 107 morts par convulsions infantiles.... *79 enfants* sains.

L'ALCOOLISATION D'UN PEUPLE
EST L'UN DES
PRINCIPAUX FACTEURS DE SA DÉCHÉANCE

I. — Déchéance physique. — Dépopulation

L'ACCROISSEMENT de la population d'un pays est en corrélation avec sa *puissance politique*, *économique* et *militaire*, tout à la fois.

La prospérité inouïe de l'Allemagne, avant 1914, a eu pour cause essentielle le passage de 40 à 68 millions du nombre de ses habitants, peuplant cependant une contrée moins bien dotée que la nôtre, comme richesse du sol cultivable, comme climat, comme étendue de côtes, etc.

C'est qu'en effet la nécessité de vivre sur un sol ingrat suscite l'effort, l'initiative, l'ingéniosité, touchant les moyens de production. A l'exemple de l'Allemagne, des *migrations* préalables se produisent, vers les pays neufs, d'individus intelligents, audacieux et compétents, avec l'appui, avoué ou mystérieux, de firmes puissantes ou d'un gouvernement ambitieux. Dans les riches régions convoitées, [telle la merveilleuse artère commerciale du Rio de la Plata, avec les provinces avoisinantes], le pays surpeuplé déversera méthodiquement des *colonies de peuplement* ; tôt ou tard les régions ainsi envahies seront appelées à s'intégrer à la Mère-Patrie.

[L'Allemagne ne rêvait-elle pas, au début de ce siècle, de fonder ainsi un puissant Empire germano-américain du Sud ?]

La France eût-elle pu tenter quelque chose de semblable ? On nous répondra qu'elle a établi sa domination sur un immense empire colonial en Afrique et en Asie ; seulement, si elle en a réalisé la conquête, ses possessions se peuplent d'émigrants d'autres nationalités plus prolifiques, dont la présence constituera tôt ou tard une menace pour la sécurité de ses propres fils ; le danger n'est d'ailleurs pas moins grave pour nous, en France même.

Mais quelle est la part de l'alcoolisme dans ce danger ? C'est ce qu'il nous faut établir ici.

« *La condition essentielle de la vitalité d'une Nation*, écrivions-nous récemment, *c'est que son coefficient de natalité atteigne au moins 33 pour 1.000 habitants et que les enfants naissent sains et vigoureux.* » Or cette double condition n'est que très imparfaitement réalisée en France.

Notre coefficient de natalité n'a cessé de décroître depuis 1800, passant de 33 pour 1.000 à cette épo-

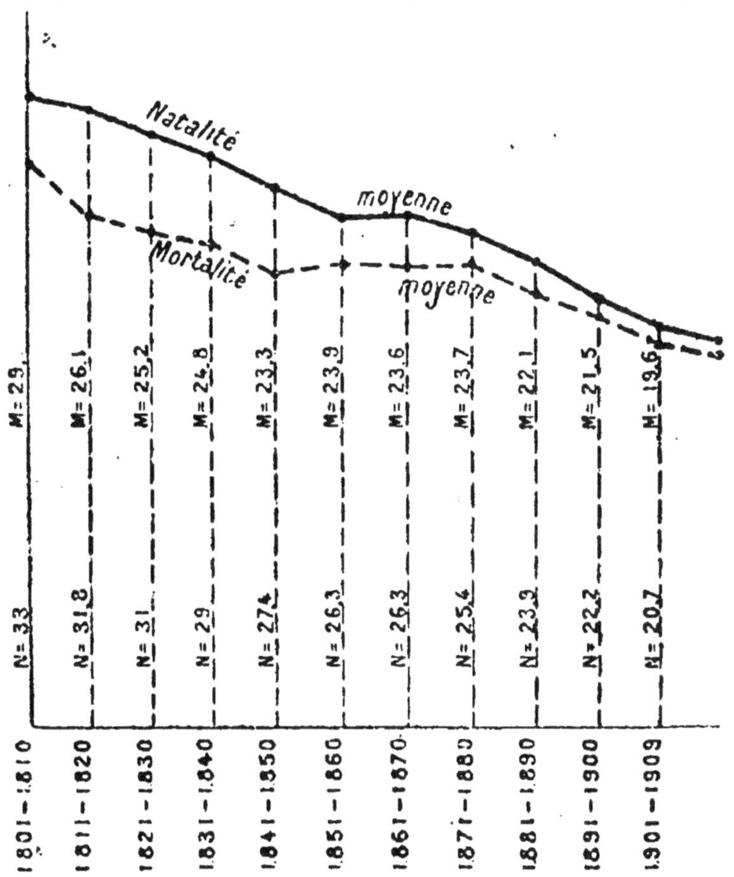

Fig. 1. — Courbes comparées de la *Natalité* et de la *Mortalité* en France, de 1800 à 1910.

que (période 1800-1810) à un nombre voisin de 19 en 1913, et bien inférieur encore pendant la Grande Guerre ; de telle sorte que, malgré une *diminution progressive de la mortalité* due à une meilleure application des règles d'hygiène, la population française décroît lamentablement.

La France est le seul pays du monde où se manifeste un tel fléchissement.

L'alcoolisme peut-il être invoqué parmi les détestables causes de ce fléchissement ? Il ne le semble pas de prime-abord, puisque les départements où la consommation de l'alcool — sous forme de *boissons de toutes natures* — est la plus forte, sont ceux dont le coefficient de natalité est le moins réduit :

Finistère 28.93 ; Pas-de-Calais 28.76 ; Morbihan 26.09 ; Seine-Inférieure 25.58 ; Côtes-du-Nord 25.17 ; Meurthe-et-Moselle 24.07 ; Nord 23.58 ; Vosges 23.30, etc. — Ces nombres se rapportent à la période 1906-1909.

Mais si le *nombre* des naissances est appréciable dans ces départements — sans atteindre cependant le coefficient désirable —, la *qualité des sujets* y est défectueuse à bien des points de vue, celui de leur vigueur notamment.

AVORTEMENTS. — MORTINATALITÉ. — L'alcoolisation des procréateurs, nous l'avons vu, peut retentir déjà **sur l'enfant** *durant la période de gestation* ; nombre des pauvres petits n'arrivent pas à terme (surtout si l'intempérance

des parents est doublée de la syphilis) ; d'autres
meurent en venant au monde :

Ainsi, durant la période 1909-1913, la moyenne
annuelle du nombre d'*enfants mort-nés* a atteint
36.197 sur 778.035 naissances, c'est-à-dire 4,65
pour 100 naissances.

MORTALITÉ INFANTILE. — Des coupes
sombres ont lieu parmi les enfants nés vivants,
durant les premiers mois de leur existence ; et
cela pour des raisons variées : l'*hérédité alcoolique*,
l'*ignorance* ou la *négligence des parents* en matière
d'hygiène générale et d'hygiène alimentaire en
particulier, la dipsomanie de certaines mères ou
nourrices. — Les faits suivants en sont l'éclatante
démonstration, complétant et justifiant la statistique d'Echeverria citée (page 35) :

C'est l'*alcoolisation de l'enfant à la mamelle*,
quand la mère ou la nourrice consomme des boissons alcooliques. — Le docteur Nicloux a établi,
par ses recherches expérimentales, que *le lait
donné à l'enfant au sein*, dans ces conditions, *renferme une proportion notable de l'alcool que sa nourrice a ingéré*. — Aussi ne saurions-nous trop
vivement incriminer le conseil donné aux mères,
aux nourrices, de boire de la bière — des bières
fortes notamment — pour augmenter leur production journalière de lait.

C'est l'*alcoolisation des tout petits* : par le suçon, morceau de sucre enveloppé d'un linge et imbibé d'eau-de-vie, que la mère donne à l'enfant dans son berceau pour calmer ses cris [cette sotte pratique est d'usage courant en Normandie] ; — par quelques gouttes d'eau-de-vie versées dans le biberon d'un enfant qui pleure, sous prétexte de tuer ses vers intestinaux (!). Le pauvre bébé a déjà l'organisme débilité de par son origine et par les soins inintelligents dont il est l'objet, nuisibles à son développement normal ; il est souffreteux et l'alcool qui lui est donné ajoute à ses souffrances ; aussi ce ne sont pas les vers (problématiques) que l'on tue chez lui, mais bien la malheureuse petite victime elle-même. — Faut-il nous étonner, dès lors, de l'effroyable **mortalité infantile** enregistrée en France ?

« Le nombre moyen annuel des enfants décédés de 1 jour à 1 an, pendant la période 1906-1909, a atteint 110.200 qui, ajouté aux 34.760 morts-nés annuellement pour la même période, représente près de 145.000 jeunes existences fauchées au seuil même de la vie, c'est-à-dire 1/5 du nombre des naissances.

ALCOOLISATION AUX DIVERSES ÉTAPES DE LA VIE. — C'est encore l'*alcoolisation des enfants* un peu plus avancés en âge : — par le vin

et même le vin pur ou le cidre naturel, donné à
une dose excédant parfois 1 litre par jour, à des
enfants de 4 à 6 ou 7 ans, sous prétexte que le vin
donne des forces ; — par le canard à l'eau-de-vie
après le repas ; — par les grogs, les trempettes de
pain dans la bolée de café à l'eau-de-vie qui constituent leur déjeûner du matin. — [Cette absurde
coutume a cours dans une certaine partie de la
Manche en particulier, et malheureusement dans
bien d'autres endroits qui nous ont été signalés
au cours d'une vaste enquête générale (¹).]

Nous ne pouvons nous dispenser d'extraire de
cette enquête ce témoignage émanant d'un Directeur d'école publique d'une grande ville industrielle et charbonnière du Centre : — « La population du quartier s'adonne à l'alcoolisme. Les
enfants sont incités, par les parents, à boire aussi
bien des liqueurs fortes que le vin. A mon arrivée dans cette école, les enfants apportaient en
classe des flacons de vin pur, pour boire entre
leurs repas ; plusieurs même arrivaient en état
d'ivresse manifeste. Le lundi, les absences étaient
plus nombreuses, les enfants interrogés avouaient
avoir bu, la veille, trois ou quatre « canons » de
vin pur, ou bien deux cafés, ou encore un per-

(¹). Lire page 29 : E. Aubert, *Une œuvre de régénération sociale et de salut national,* chez E. André, éditeur
(Victorion successeur), 6, rue Casimir-Delavigne, Paris.

nod, avoir passé la soirée au café, s'être couchés entre onze heures du soir et une heure du matin. A cette question d'un maître : « Qu'as-tu fait hier ? » un enfant répond un jour : « Je me suis saoulé (*sic*) avec ma mère et mon grand-père. » — Grâce à mon énergique intervention et celle de mes collaborateurs, ce spectacle affligeant est atténué, le mal est notablement réduit ; les enfants ne viennent plus en classe dans un *état d'énervement anormal*, ni plongés dans une sorte de *torpeur intellectuelle* qui ne leur permettaient pas de suivre les leçons avec fruit. »

Retenons cet aveu : Des *enfants d'âge scolaire* alcoolisés, indisposés le lundi principalement, présentant des signes manifestes de déséquilibre mental.

Complétons ce pénible et écrasant réquisitoire contre l'alcool :

Les enfants de buveurs sont anémiés et débiles ; leur croissance est entravée, leur petite taille persistante ; ils présentent, pour un certain nombre, des anomalies de conformation, un développement incomplet du cerveau (*microcéphalie*) déterminant l'*idiotie*, c'est-à-dire la diminution considérable ou l'absence complète de l'intelligence, *d'origine congénitale*. — [60 % des idiots, dans les asiles, sont des fils d'alcooliques].

Ces enfants, chétifs, malingres, sont prédisposés plus que tous autres aux maladies contagieuses, notamment à la tuberculose. Quelques-uns, plus déséquilibrés, sont coléreux, impulsifs, maniaques, hallucinés parfois : leur sort ultérieur ? la *mélancolie*, le *suicide* dans un accès de désespoir ou la *folie*, à moins que leur perversion morale ne les conduise jusqu'aux *actes criminels*. (Nous reviendrons plus loin sur ce côté de la question).

RAPPORTS ENTRE L'ALCOOLISME ET LA TUBERCULOSE. — Les professeurs Landouzy et Hayem ont attesté ces rapports sous forme des aphorismes bien connus :

« *L'alcool fait le lit de la tuberculose* (Landouzy) ;
« *La phtisie se prend sur le zinc* » (Hayem).

Cette relation entre les deux maladies : l'une parasitaire, l'autre par intoxication, est facile à comprendre, étant données les conditions déplorables du milieu dans lequel vit souvent le buveur avec sa famille : à savoir, dans les villes, un logement souvent exigu, où se tiennent, dans une dégradante promiscuité, un père, une mère et des enfants parfois nombreux : le **taudis** en un mot, cette plaie honteuse de notre société moderne, plaie monstrueuse des grandes villes et de beaucoup de cités industrielles.

Les médecins, *dans les hôpitaux, aux Conseils de révision*, sont unanimes dans leurs déclarations. — Nous citons au hasard :

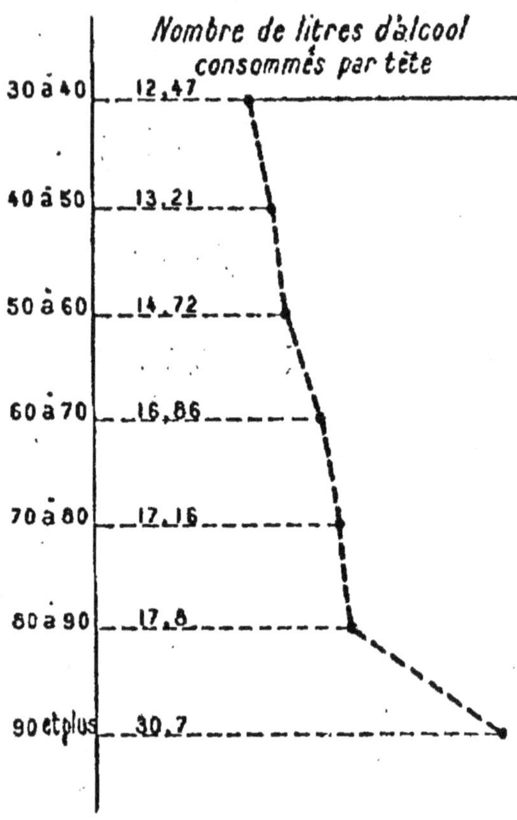

Fig. 2. — Rapport entre la *Mortalité par tuberculose* par département (pour 10.000 habitants) et la *consommation moyenne d'alcool dans ces départements*. [Dr Baudran, de Beauvais.]

Dans le service du docteur Jacquet à l'hôpital Saint-Antoine : — sur 252 tuberculeux, il y a 150 alcooliques : soit 70 %.

Dans le service du professeur Lancereaux et de ses élèves : — sur 2.192 sujets morts de tuberculose dans la période 1895-1907, 1.229 étaient alcooliques : soit 56 %.

Dans le service du professeur Letulle : — sur 717 tuberculeux furent trouvés 560 alcooliques : soit 80 %.

₄ Et le même éminent professeur Letulle, de l'Académie de Médecine, déclarait en 1901 : « Passé 30 ans, 90 % des ouvriers parisiens qui s'adonnent aux boissons alcooliques deviennent tuberculeux, parce qu'ils boivent beaucoup et mangent peu et mal ». — C'est ce qui explique leur peu de résistance à l'infection bacillaire, mise également en lumière par les observations des docteurs Landouzy et Marcel Labbé.

Avec l'alcoolisation croissante en Normandie, le docteur Brunon de Rouen constatait déjà, il y a 15 ans, que les riches campagnards et grands buveurs, atteints de tuberculose, le sont devenus par l'alcool.

D'autre part, les statistiques des Conseils de révision pour la période 1906-1915 montrent que *la proportion des conscrits tuberculeux est plus élevée dans les départements notoirement alcoolisés :*

Tandis que la moyenne générale du nombre des conscrits tuberculeux était, pour la France entière, de 13.5 pour 1.000 conscrits, elle atteignait 43.3 en Ille-et-Vilaine, 34.5 dans l'Orne, 33.78 dans la Mayenne, 24.35 dans le Calvados, 23.1 pour la Manche.

ALCOOLISATION DES ADULTES. — Comme celui qui est buveur à 20 ans demeure généralement intempérant le reste de ses jours, le passage suivant d'un rapport du député Tournan, délégué aux Armées, assistant à la visite des exemptés et des réformés en 1917, achève de nous fixer sur le résultat de l'alcoolisation du Pays, en ce qui regarde sa déchéance physique :

« Dès qu'on atteignait les **classes de la territoriale** (qui commencent à ressentir les effets de l'alcool vers l'âge de 30 ans), on assistait à un pitoyable défilé de **véritables loques humaines** : fils d'alcooliques, alcooliques eux-mêmes, gratifiés de toutes les tares de l'hystérie, de l'épilepsie, de l'idiotie, hommes de 40 ans qui en paraissaient plus de 60. »

MORTALITÉ GÉNÉRALE. — Une telle déchéance organique accélère la fin du buveur, on le conçoit aisément : aussi, rarement les alcooliques atteignent-ils un âge avancé.

Le *coefficient de mortalité* est plus élevé pour eux que pour les personnes sobres ; les statistiques concernant la *mortalité comparée pour l'ensemble des professions* en fournissent la preuve. L'une des plus complètes est celle du docteur anglais Tatham portant sur 70.000 adolescents et adultes âgés de plus de 15 ans. L'auteur a trouvé que le *coefficient de mortalité pour 1.000* est de :

```
60.7 pour les garçons de cabaret (Londres)
44.8   —      cabaretiers (Londres)
35.2   —      cabaretiers (Province)
32.5   —      dockers
11.4   —      pêcheurs
11.1   —      maîtres d'école
10.5   —      médecins
 7.9   —      cultivateurs
 6.7   —      prêtres et pasteurs.
```

En résumé, si l'alcoolisme n'est pas une cause efficiente de la décroissance de la natalité en France, sa désastreuse influence est incontestable sur la déchéance physique, la morbidité et la mortalité à tous les âges, et plus particulièrement dans les régions où la consommation des boissons alcooliques est des plus élevées.

II. — Déchéance morale et intellectuelle

En tant qu'*hommes*, nous avons des obligations dont la première est le *respect de nous-mêmes.*

Comme *citoyens*, nous en contractons à l'égard de la collectivité dont nous sommes membres, à savoir : le *respect d'autrui ; l'obligation du travail* et son accomplissement en toute *conscience*, en toute *justice*, en étroite *solidarité* avec nos semblables ; l'*amour* et le *respect de la famille*.

Or ces devoirs sont lettre morte pour le buveur. Ceux qui se moquent du buveur en état d'ivresse devraient manifester, au contraire, leur réprobation pour une telle atteinte à la dignité humaine.

Les Spartiates comprenaient mieux leurs devoirs en donnant en spectacle à leurs enfants des ilotes ivres, afin de les inciter à prendre l'intempérance en horreur.

« *L'homme ivre est une brute* », a-t-on dit souvent et avec raison.

Que penser de l'adolescent aviné irrespectueux, à son foyer, du père et de la mère ? de l'homme marié brutalisant trop souvent sa femme et ses enfants, durant ses accès d'ivresse ? S'il a pu travailler, qui a profité de son salaire gaspillé, sinon le cabaretier ? S'il n'a pas travaillé, il exigera néanmoins sa pitance ; où la prendre dans un ménage misérable comme l'est généralement le sien ?

La femme, malheureuse victime trop souvent terrorisée et frappée, travaille jusqu'à l'épuisement, jour et nuit, pour donner à ses enfants la

manne souvent insuffisante ; si elle succombe à
la fatigue, les pauvres affamés — pour qui elle
pleure et peine — sont réduits à tendre la main,
à implorer la pitié.

*La dégradation du père risque d'entraîner celle de
ses enfants ;* car les petits vagabonds, exposés à
recevoir journellement de mauvais conseils,
nullement moralisés — ou si peu — au logis
paternel, suivront les fâcheux exemples des malfaiteurs ; ils commettront d'abord quelque légère
peccadille, puis des délits plus graves ; ils s'en-
durciront dans le mal, glisseront plus ou moins
rapidement sur la pente de la **criminalité** et de
la **prostitution**.

ALCOOLISME ET CRIMINALITÉ. — C'est
ainsi que se recrutent, dans les villes, ces criminels
précoces âgés de 13 à 16 ou 18 ans, fils de buveurs
pour la plupart, lecteurs de détestables *romans
policiers à bon marché*, habitués du *cinéma-banal* —
de **cette monstrueuse école du crime** — où
ils suivent avec une joie féroce, comme en une
sorte de répétition générale, les pires scènes de
violences, d'assassinats, de pillages et d'incendie,
se promettant secrètement d'en être bientôt les
sinistres acteurs.

Le Ministre de la Justice déclarait formellement, à la suite d'une enquête faite par ses ordres en 1907-1909, que *les attentats et délits de toute nature sont imputables*, pour une notable part, *à l'intempérance de leurs auteurs,* **alcooliques ou fils d'alcooliques.**

La valeur criminogène *de l'alcool*, reconnue d'ailleurs dans tous les pays où l'on a étudié le *développement de la criminalité parallèlement à celui de l'alcoolisme* (Angleterre, Etats - Unis, France, Hollande), est établie par les résultats suivants de l'enquête à laquelle nous faisons allusion :

Sont dus à des alcooliques ou à des *individus pris de boissons :*

Un tiers des actes de rebellion envers les agents de l'autorité ;

Un cinquième des faits de brutalité envers les personnes et de déprédation violente contre les propriétés ;

Un sixième des délits contre les mœurs ;

Un accroissement considérable des meurtres simples et des coups et blessures ayant occasionné la mort sans intention de la donner.

Nous dégageons d'une statistique faite en 1907, par M. Yvernès, sur les rapports de l'alcoolisme et de la criminalité les nombres suivants :

Nature des délits	Total des prévenus jugés	Nombre des prévenus alcooliques ou ivrognes	Leur proportion pour 100
Rébellion et outrages...	16.486	6.927	42
Coups et blessures	34.199	9.760	28.5
Délits contre les mœurs.	4.937	837	16 9
Mendicité...............	8.163	1.167	14.2
Vol....................	38.662	5.377	13.9
Vagabondage	12.028	1.842	15.3
Autres délits..........	75 224	7.508	9.9
Totaux.....	189.699	33.418	17.5

Les Ressorts où les délits de toute nature *sont les plus fréquents sont ceux des régions les plus alcoolisées*, ainsi qu'en témoignent les tableaux ci-contre :

Délits de coups et blessures commis sous l'influence de l'ivresse.		Délits d'outrages et de rébellion commis sous l'influence de l'ivresse.	
Ressorts	Proportion sur 100 délits de même espèce	Ressorts	Proportion sur 100 délits de même espèce
Rennes	31.7	Paris (Seine) ..	41.6
Caen	26.1	Rouen	39.9
Amiens }	24.6	Paris (ressort).	39.4
Dijon }		Caen	39.3
Paris (ressort).	20.8	Angers	37.7
Besançon......	19.9	Douai.........	34.8
Angers	19.4	Amiens.......	29.7
Douai.........	19	Dijon	29.4
Riom	18.7	Orléans.......	28.8
Chambéry.....	17.5	Rennes	28.5
Orléans.......	17.4	Grenoble......	27.5
Nancy	16.5	Chambéry.....	25.5
Rouen	16.	Poitiers.......	23.8
Lyon..........	13.5	Limoges	23.1
Bourges	11.6	Besançon......	22.5
Toulouse......	9.5	Nancy	20.4
Grenoble......	9.2	Toulouse	20.1
Nîmes.........	9.1	Riom	18.7
Poitiers.......	8.6	Nîmes.........	18.1
Aix...........	8.2	Agen	15.7
Agen	7.7	Lyon..........	15.4
Paris (Seine) }	6.4	Pau...........	15.1
Pau } .		Bourges.......	14.5
Bastia	5.4	Aix...........	13.8
Montpellier ...	3.9	Bastia }	13
Limoges.......	3.8	Bordeaux }	
Bordeaux	2.2	Montpellier....	8.7
Moyenne : 16 pour 100 sur 31.723 cas jugés		Moyenne : 29.9 pour 100 sur 20.352 cas jugés	

Quel est donc le foyer principal de cette criminalité, sinon le **débit de boissons ?**

Le docteur Henri Vidal a donc bien raison de déclarer, dans sa publication intitulée « Le Cabaret » (¹) que :

Le cabaret est trop souvent un centre de réunion de malfaiteurs, dans les quartiers populeux des grandes villes et de leurs faubourgs.

Le cabaret est un lieu de débauche, les cabarets-chantants principalement ;

Le cabaret constitue une excitation à la paresse, pour l'ouvrier faible de caractère qui, ayant cédé une première fois à l'invitation de ses camarades, a pris l'habitude de s'y rendre, y perd le goût du travail, en même temps qu'il y laisse sa santé, avec une large part des ressources nécessaires à sa famille.

Le cabaret est l'une des causes du développement de l'alcoolisme en France.

Le nombre des débits a suivi, en effet, la progression suivante depuis 1855 :

En 1855..............	291.244	débits
1875..............	342.622	—
1880..............	356.863	—
1892..............	418.000	—
1913, plus de.......	496.000	—

______

(¹). Docteur Henri Vidal, *Le Cabaret*, Giard et Brière éditeurs, 16, rue Soufflot, Paris.

ALCOOLISME. SUICIDE ET ALIÉNATION MENTALE. — Aux troubles généraux que déclanche l'alcoolisation progressive du buveur (*delirium tremens, attaques d'épilepsie*), s'ajoutent les hallucinations affolantes, les cauchemars terrifiants, des impulsions violentes ; des crises de colère intense peuvent survenir, au cours desquelles l'alcoolique commet parfois des actes irréparables (crime ou suicide) ou subit des accès de démence.

Le tableau ci-joint montre l'*augmentation incessante du nombre des suicides*, en France :

En 1830...............	2.084	suicides
1850...............	3.596	—
1860...............	4.050	—
1875...............	5.472	—
1885...............	7.902	—
1895...............	9.263	—
1905...............	9.321	—
1912...............	10.106	—

Ce nombre a donc *quintuplé* en 80 ans.

Nous prouvons, par les chiffres suivants, la *relation incontestable* existant *entre l'accroissement du nombre des* **suicides** *et la consommation des boissons alcooliques :*

La proportion du nombre des suicides pour 100.000 habitants a été, en 1905, de 55 dans l'Eure, 53 dans la Seine-Inférieure, 35 pour la

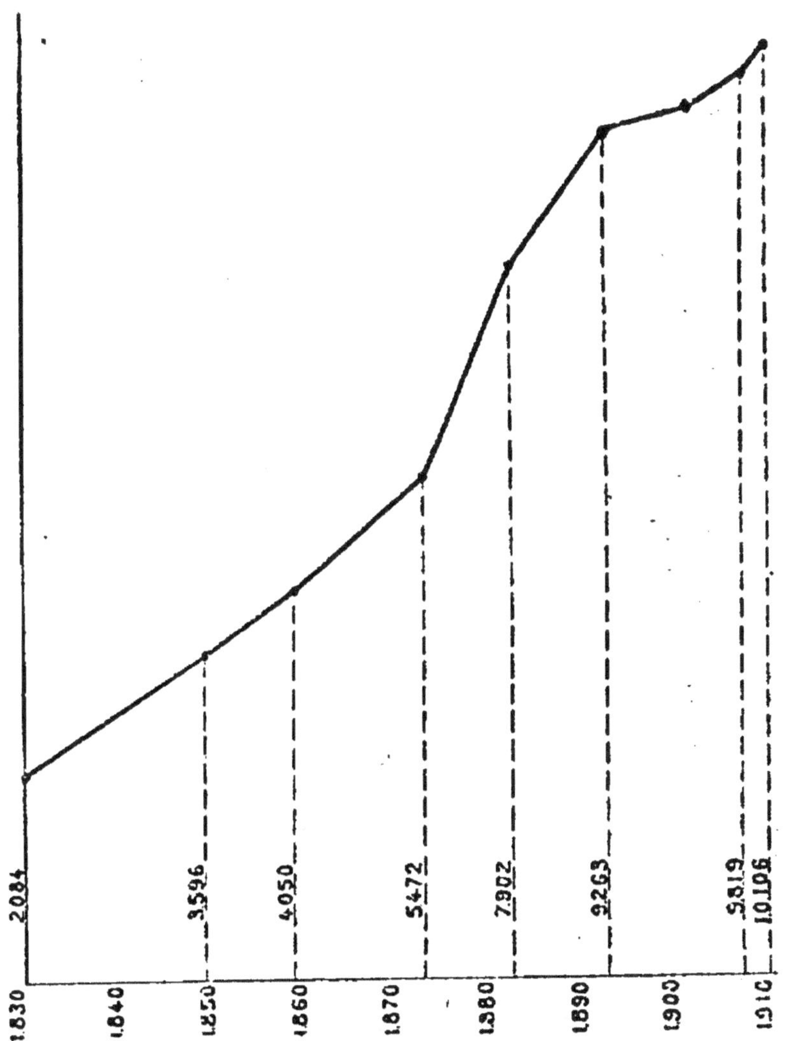

Fig. 3. — Courbe représentant la progression du nombre
des *suicides*, en France, de 1830 à 1910.

Seine, alors que la moyenne pour la France
entière était d'environ 24 à cette époque.

De plus, cette *moyenne générale* a présenté les valeurs progressives suivantes :

16.55 durant la période 1874-1883
22 — 1884-1893
23.5 — 1894-1903
25 — 1904-1912

La concordance n'est pas moins évidente entre les progrès de l'alcoolisme et l'augmentation du nombre des aliénés.

« Plus le cabaret est achalandé, plus le cabanon se peuple. »

Le nombre des aliénés en France a été :

En 1830........ de 11.500
1871........ — 33.052
1876........ — 38.935
1881........ — 47.000
1904........ — 60.246
1907........ — 71.507
1910........ — 71.547

Ces chiffres sont inférieurs à la réalité, nous dit M. le Professeur Debove ; car, pour un aliéné véritable, combien n'est-il pas d'alcooliques sur le seuil de l'aliénation mentale et qui circulent en liberté ? Ceux-ci ne sont pas compris dans les statistiques officielles (¹).

(¹). Le Dʳ Olivier, de l'asile d'aliénés de Blois, faisait observer, en 1911, que beaucoup de cas d'aliénation men-

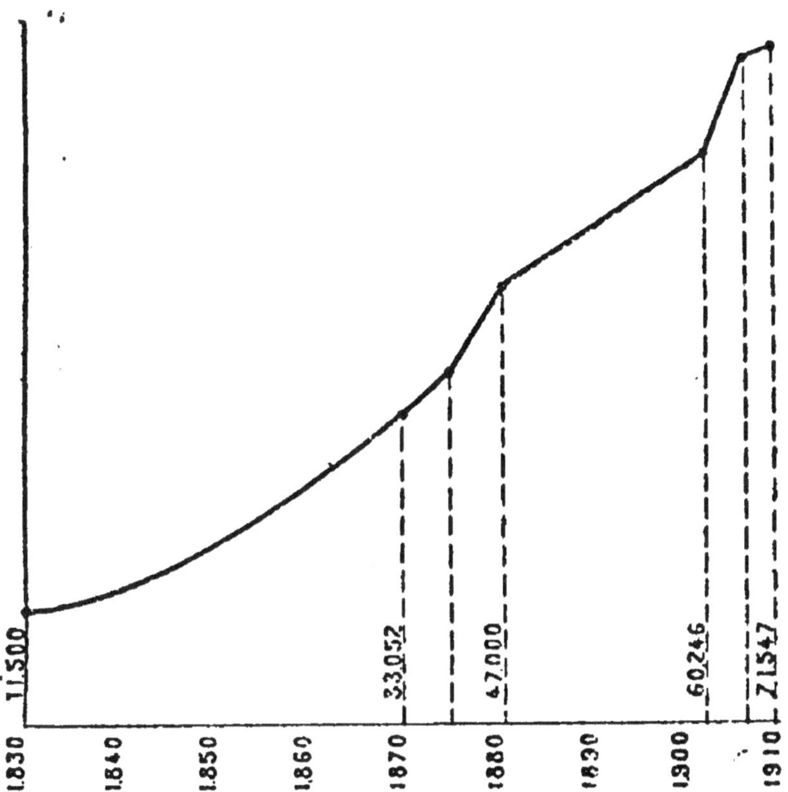

Fig. 4. — Courbe représentant la progression du nombre des *aliénés*, en France, de 1830 à 1910.

Il importe de remarquer que l'énorme progression constatée ici, de 1871 à 1910 particulièrement, coïncide avec l'augmentation inouïe de la consommation de l'absinthe pour laquelle des précisions ont été fournies, page 14.

---

tale sont dus à l'alcoolisme vinique (vin blanc en particulier) dans le département du Loir-et-Cher et les régions avoisinantes. — L'eau-de-vie de marc du bouilleur de cru n'y est pas non plus étrangère.

L'absinthe et ses similaires sont des poisons du système nerveux, en effet.

C'est évidemment pour la même raison que *le nombre des* **idiots** *a doublé* de 1876 à 1904, en passant de 5.070 à 10.272.

Le service d'Hygiène au Ministère de l'Intérieur, ayant eu la curiosité de rechercher, vers 1900, le *rapport du nombre* **d'aliénés alcooliques** *au nombre total des aliénés* dans les départements français, nous extrayons de ses données les résultats suivants concernant les départements où la consommation des boissons alcooliques est des plus fortes :

Proportion pour 100 : Mayenne, 43.18 ; Morbihan, 29.93 ; Orne, 26.61 ; Seine, 25.72 ; Côtes-du-Nord, 21.64 ; Marne, 21.57 ; Sarthe et Manche, 20.30 ; Ille-et-Vilaine, 19.40 ; Finistère, 19.16.

III. — Déchéance économique

La *prospérité* d'un pays est intimement liée à sa *production* scientifique, agricole et industrielle, à ses échanges commerciaux avec les autres peuples.

Des intelligences créatrices et directrices en

toute puissance, des bras agissants vigoureux, des mains habiles guidées par un œil sûr, un outillage sans cesse perfectionné, des capitaux suffisants et du crédit : tels sont les éléments essentiels du succès.

Or nos pertes effroyables de la grande guerre privent la France du concours de près de 2 millions d'hommes — et des plus vigoureux. — Elle ne peut compter sur une main d'œuvre étrangère importante. Son organisation a été bouleversée — dans les régions dévastées principalement — et les nations alliées ne lui donnent pas, à beaucoup près, tout le secours qu'elle était en droit d'escompter.

Nous devons nous imposer un travail opiniâtre, consciencieux et discipliné, pour remédier à la crise actuelle.

Tout travailleur *est un* **capital social ;** toute cause susceptible de compromettre ses capacités manuelles ou intellectuelles en diminue la valeur.

Or l'alcoolisme *provoque la déchéance* **individuelle** *du travailleur, et des troubles graves parfois dans le* **groupement** *auquel il appartient.*

Quelques précisions sont nécessaires sur ces deux points. — Nous invoquerons, à cet effet, des exemples courants et des témoignages indiscutables.

A. — AFFAIBLISSEMENT DU RENDEMENT INDIVIDUEL.

Le rendement de l'individu intempérant est inférieur au double point de vue du *travail manuel* et de l'*effort cérébral*.

a) **TRAVAIL MANUEL.** — Par les tremblements nerveux que l'alcool provoque à la longue chez le buveur, celui-ci perd la sûreté de ses mouvements, sa vue est moins nette, son ouïe s'affaiblit : Voilà cet homme impropre à une foule d'emplois. — S'agit-il de travaux d'art délicats qui exigent de sa part attention et précision ? Mécanique, gravure, ciselure, décoration artistique, dessin, tournage en métaux ou en bois, ébénisterie, ajustage, surveillance des métiers à tisser, construction des instruments de précision (en mécanique, en physique, en verrerie), automobilisme, télégraphie, téléphonie, etc., etc. : tous ces travaux seront inaccessibles au buveur.

La direction d'une locomotive ou d'une automobile ne peut guère lui être confiée, pas plus qu'un service de signaux.

Nous nous rappelons la déclaration du Ministre d'État belge Vandervelde au cours de la guerre, alors que son gouvernement siégeait au Havre en 1915 :

« Peut-on croire aux engagements des buveurs, même pour l'accomplissement d'une mission urgente, quand on voit, dans le port, les dockers ivres dès les premières heures, incapables de travailler à partir de 9 ou 10 heures, cuvant leur cidre ou leur eau-de-vie çà et là sur les quais, faisant quelque ouvrage un jour sur trois, alors que le chargement et le déchargement rapides des navires et des convois s'imposent à cette heure, pour l'alimentation du pays et la défense nationale ? »

b) **TRAVAIL INTELLECTUEL.** — Les recherches scientifiques, les applications des découvertes deviennent impossibles à l'intempérant qui ne jouit plus d'une intelligence lucide, d'une mémoire sûre, d'une suffisante perspicacité. L'administration d'une entreprise industrielle, agricole ou commerciale, l'exercice de toute fonction importante exigeant du talent d'organisation, de l'initiative, du tact, de la patience et de la fermeté tout à la fois, ne sauraient être confiés à un buveur invétéré.

B. — AFFAIBLISSEMENT DU RENDEMENT D'UNE COLLECTIVITÉ OÙ SÉVIT L'INTEMPÉRANCE.

Nous ne saurions invoquer de plus solides arguments que ceux des *Économistes*, des *Direc-*

teurs des exploitations industrielles, des *Associations ouvrières*, en contact journalier avec le monde du travail.

C'est d'abord cet extrait d'une lettre adressée, le 22 mars 1915, aux Présidents des Chambres de Commerce de France, par l'économiste regretté Paul Renaud :

« On ne garde et on ne conquiert un marché qu'à la condition de disposer des moyens de production nécessaires : *main-d'œuvre* et *outillage*. La France est riche en capitaux ; elle pourra toujours se procurer l'outillage qu'elle voudra ; mais elle était pauvre en main-d'œuvre, elle le sera beaucoup plus après la terrible crise qu'elle traverse.

Un seul moyen nous est offert : *améliorer le rendement de cette main-d'œuvre, empêcher le gaspillage et l'appauvrissement de cette main-d'œuvre* **par l'alcoolisme.**

J'ai été particulièrement frappé par l'exemple suivant :

Dès le lendemain de la bataille de la Marne (1914), j'ai entrepris de remettre en route les huit exploitations industrielles ou commerciales qui se trouvent sous ma direction. Après une marche à faible production en octobre, je suis arrivé depuis le courant de janvier 1915, à réaliser la pleine production dans quatre de ces exploitations.

L'obstacle le plus terrible contre lequel j'ai dû lutter a été l'alcoolisme : dans une seule de nos usines, pour remplacer 40 ouvriers enlevés par la mobilisation, j'ai fait appel aux 8 ou 9 Comités de Réfugiés au Service de placement du Ministère de l'Intérieur ; et c'est ainsi qu'avec un entêtement presque breton, *j'ai engagé successivement 215 réfugiés ou sans travail*, prenant à notre charge leurs frais de voyage depuis Paris jusqu'à l'usine, ne les embarquant qu'après m'être bien assuré qu'ils désiraient travailler. Et malgré cela, *je n'ai pas encore, à l'heure actuelle, les 40 ouvriers nécessaires.* Chaque jour, notre Directeur d'usine est obligé d'en expulser un ou deux pour cause d'ivresse. *Sur les 170 hommes qui n'ont pu être conservés, un peu plus de 80 ont été congédiés pour ivresse flagrante et répétée.*

C'est dire que, si l'on pouvait de là tirer une loi, on en arriverait à conclure que **la fermeture des marchés d'alcool permettrait de tripler la production de main-d'œuvre française.** »

C'est encore le vœu suivant, adressé en janvier 1917, aux Membres du Parlement à titre individuel, sous le titre : **L'alcoolisme et le rendement de nos usines :**

« *L'Union des* **Industries Minières et Métallurgiques** appelle votre attention de la manière la plus pressante sur *le trouble croissant que les progrès de l'alcoolisme apportent dans le rendement des usines, et sur les retards forcés qui en découlent au point de vue de la production des fabrications de guerre.*

Notre Union groupe, pour toute la France, *les 55 grands Syndicats des mines, des forges, des fonderies et de la construction mécanique,* dont les membres ont la mission de pourvoir aux besoins essentiels de la Défense nationale.

Tous ces industriels ont déclaré à M. le Sous-Secrétaire d'État de l'artillerie et des munitions, et tiennent à déclarer aujourd'hui aux représentants du pays, *qu'ils ne sauraient remplir efficacement leur lourde tâche, s'ils ne trouvaient auprès des Pouvoirs publics l'appui indispe...ble pour assurer à nos armées la production don... elles ont besoin.* »

Charles **LAURENT,**

Président de l'Union.

La Chambre syndicale des *Maîtres de verrerie* a adhéré sans réserve à ce vœu, le 9 janvier 1917, en y ajoutant :

« Les Maîtres-verriers voient tous les jours les funestes effets du fléau dans la vie intérieure de l'Usine française et l'amoindrissement alarmant qui en résulte pour la puissance économique du Pays. Ils ont eu la douleur de constater que la consommation de l'alcool ne s'est pas ralentie pendant la guerre, qu'elle avait plutôt augmenté ses *ravages auxquels il est urgent de mettre un terme,* ainsi que **les représentants des organisations ouvrières** *l'ont maintes fois réclamé de leur côté.* »

Écoutons maintenant les **Associations ouvrières :**

« L'*Union Nationale des Cheminots* en faveur des Victimes de la guerre, au nom des Associations corporatives de tous les réseaux de Chemins de fer français, s'élève avec indignation contre la campagne d'agitation menée par les exploiteurs d'un vice frappant de déchéance morale et physique la race française.

L'Union demande instamment au Gouvernement et au Parlement d'agir énergiquement pour faire aboutir le projet consistant à *interdire l'alcool de bouche,* et *mettre un terme définitif au* **fléau de l'alcoolisme.** »

A d'aussi écrasants témoignages contre l'alcool s'ajoutent les déclarations réitérées des Vandervelde, des Jouhaux, des Quillent, des Directeurs du mouvement ouvrier et des organisations syndicalistes, en France et à l'étranger, qui sont tous des abstinents ou des tempérants :

« **L'alcoolisme est l'ennemi du prolétariat,** la classe ouvrière sera incapable de s'organiser aussi longtemps qu'elle s'adonnera à l'alcool. »

Parmi les données intéressantes contenues dans la petite brochure d'Adolphe Coste, intitulée : « *Aux insouciants qui s'alcoolisent sans le savoir* », peut-être n'est-il pas inutile de rappeler celle-ci :

« Un ouvrier ordinaire peut économiser facilement 0 fr. 30 par jour, soit environ 100 fr. par an, en s'abstenant d'alcool. En 20 ou 22 ans, cela ferait un pécule minimum de 3.000 frs par individu. — Les 4 millions d'ouvriers de l'industrie française se trouveraient à la tête d'un capital de 12 milliards de francs ; c'est-à-dire que, *syndiqués*, ils pourraient conquérir la majorité dans les assemblées d'actionnaires de presque toute la grande industrie du pays (chemins de fer, entreprises de transport, mines, forges, gaz, etc.).

Cela vaudrait peut-être la peine de renoncer à s'empoisonner. »

BILAN DE L'ALCOOLISME

Dressons brièvement ici le bilan de l'alcoolisme.

1° *L'alcoolisme suscite la* **misère** *au logis familial* (¹).

2° *L'alcoolisme suscite les* **maladies,** *le* **chômage,** *et multiplie les* **accidents du travail.**

3° *L'alcoolisme est un facteur de* **déchéance** *et de* **mort prématurée.**

4° *L'alcoolisme est un facteur de* **folie** *et de* **criminalité.**

5° **L'alcoolisme ruine l'État.**

Il lui impose un surcroît de charges par le développement du paupérisme, des maladies, de la criminalité et de la folie, par l'obligation où il se trouve d'entretenir les dégénérés de toutes sortes, misérables épaves de l'alcoolisme recueillies par l'Assistance publique.

L'alcool dont le commerce rapporte au budget de l'État 700 à 800 millions annuellement, lui

---

(¹). Dans la conférence qu'il fit au Musée social quelques jours avant sa mort, le regretté Professeur *Courmont*, de Lyon, *évaluait à 1.500 millions la portion des salaires gaspillée par les ouvriers dans les débits de boissons*, au détriment de la santé, du logement, de la nourriture, du vêtement, de l'entretien de la famille en un mot.

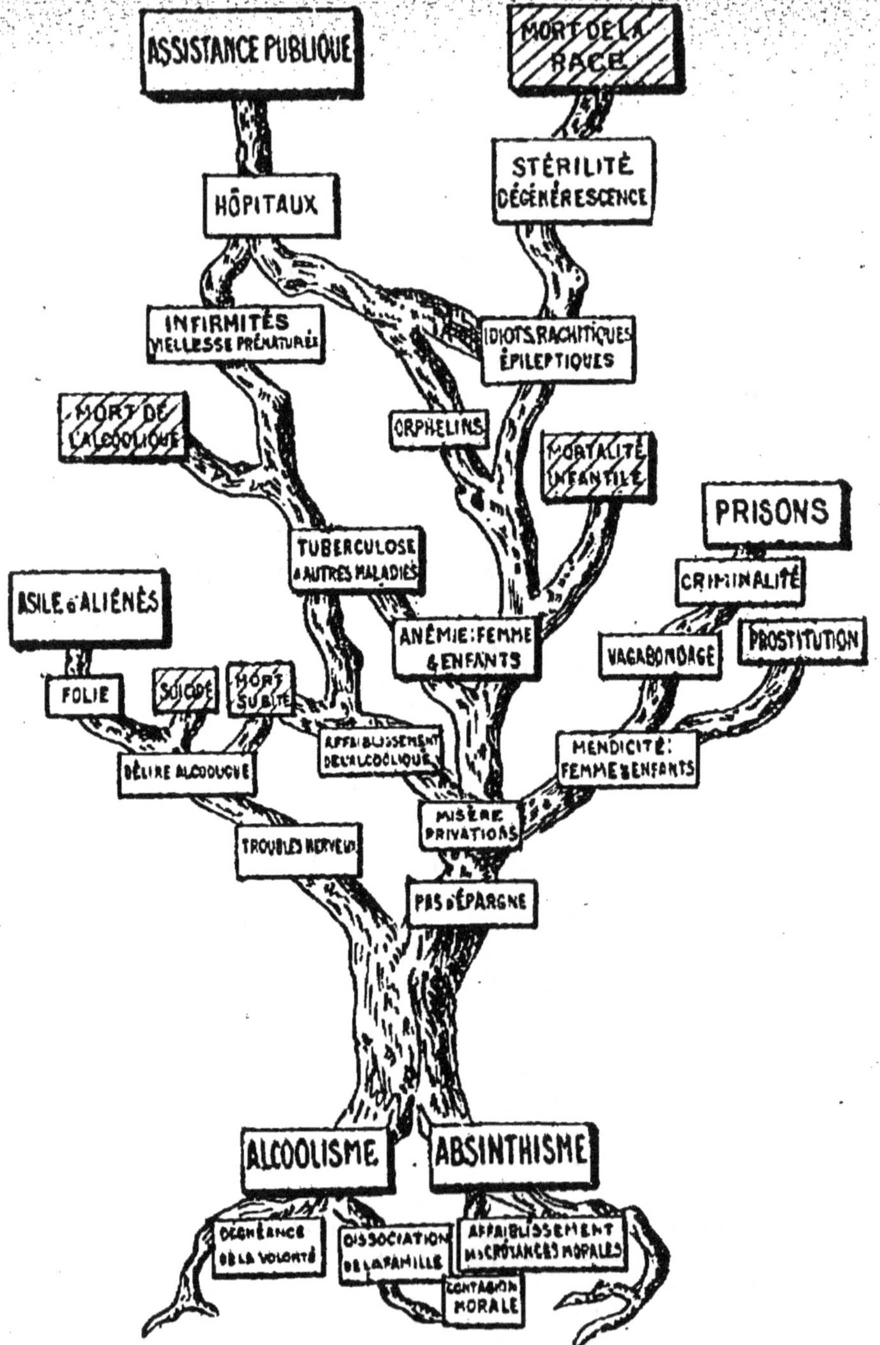

Fig. 5. — *L'arbre de l'alcoolisme* [E. Aubert].

coûtait *avant la guerre* près de 4 milliards. — *Au prix actuel de la vie, on peut estimer à* **six milliards** *l'ensemble des dommages* (susceptibles d'évaluation) *causés à la France par l'alcoolisme.*

Notre grande et sublime mutilée va-t-elle être longtemps encore la proie de ce fléau qui tue tant de petits enfants et en condamne tant d'autres à la vie végétative, qui paralyse tant de bras et annihile tant d'intelligences, qui encombre la société de tant de membres improductifs ? Se pourrait-il que nous fussions incapables de lutter, veules et indignes de nos Morts, insouciants de conserver des Français à la France, alors que nos héros ont accepté l'ultime sacrifice pour conserver la France aux Français ?

Par quels moyens pouvons-nous lutter contre le mal ? tel est l'objet de la IIe partie de cet ouvrage.

II

LES MESURES DE PRÉSERVATION
CONTRE L'ALCOOLISME

Ces mesures sont de deux sortes :

1º **L'Éducation antialcoolique** *des masses populaires,* par trop ignorantes ou indifférentes à l'égard des effets pernicieux des boissons : œuvre de longue haleine, exigeant de la persévérance et de l'esprit de suite, de la part des Éducateurs ;

2º **Le vote et l'application rigoureuse des lois antialcooliques** *nécessaires pour sauvegarder la santé publique.*

L'ÉDUCATION ANTIALCOOLIQUE DU PEUPLE

« Il y a urgence à refaire à notre pays un cœur qui vibre, une âme qui sente, un cerveau qui comprenne, réfléchisse et prenne de mâles résolutions ; le salut est à ce prix. »

Une œuvre de régénération sociale.

« Il n'est pas nécessaire d'espérer pour entreprendre, ni de réussir pour persévérer. » — « L'exemple du Maître est le plus éloquent des enseignements en matière d'éducation. »

LA lutte antialcoolique auprès des Masses populaires, en France, est particulièrement ardue pour diverses raisons :

Les uns (*viticulteurs, cidriers* et *bouilleurs)* croient à une atteinte portée à leurs intérêts particuliers qu'ils comprennent fort mal d'ailleurs.

D'autres demeurent systématiquement *indifférents* ou *incrédules*, malgré les affirmations, les preuves péremptoires qui leur sont fournies.

D'autres ont été maintenus dans l'*ignorance la plus complète* du mal qui les menace ou les pénètre déjà insidieusement peut-être. — [Pour cette catégorie, nous avons eu maintes fois l'impression personnelle que leur conviction serait facilement acquise, à la lumière des faits.]

D'autres enfin, frondeurs, hâbleurs et incorrigibles, dominés par la passion de boire, s'en remettent au hasard de la destinée.

Astreignons-nous donc à l'éducation plus serrée, plus complète, plus persuasive, des premières catégories de nos concitoyens.

Pourquoi le paysan, l'ouvrier, imbus des préjugés déjà mentionnés ici (p. 30) sont-ils réfractaires à l'idée que l'alcool est un poison, que *cette bonne eau-de-vie naturelle — qu'ils ont eux-mêmes fabriquée* — peut leur être nuisible ? Parce que l'intoxication alcoolique plus ou moins lente n'a pas la même évidence pour eux que la blessure brutale résultant d'un accident spontané... Là est une sérieuse difficulté pour l'Éducateur.

A supposer que des considérations purement morales suffisent à éloigner l'homme du peuple de l'ivrognerie abjecte — ce qui est douteux pour un certain nombre, — elles seront impuissantes à le garantir contre le lent alcoolisme chronique, à la faveur des préjugés signalés.

Une **éducation scientifique sérieuse** seule donnera toute leur valeur aux arguments étayés de faits précis ; l'individu sera mieux garanti contre le mal, lorsqu'il connaîtra avec netteté le travail de désorganisation progressive occasionné par l'usage habituel des boissons alcooliques ; alors seulement son esprit s'ouvrira aux sombres perspectives de sa déchéance également progressive, de celle de ses enfants et de sa mort généralement prématurée.

I. — PRINCIPE D'ACTION

L'*éducation antialcoolique* du peuple fait partie intégrante de l'**éducation civique** dont le principe peut être ainsi défini :

Former des hommes libres, éclairés, capables d'initiative et de spontanéité, sachant bien le métier qui les fait vivre tout en concourant à la prospérité matérielle de tous ; mais encore former *des citoyens* qui s'habituent à penser, qui travaillent à affranchir eux-mêmes et leurs semblables des préjugés qui les aveuglent, qui tendent à délivrer eux et leurs semblables des passions qui les torturent, qui s'efforcent de réaliser *pour la collectivité* cette *harmonie féconde et pacifique*, seule capable d'assurer au peuple son libre épanouissement, sous l'égide du travail, de la justice et de la liberté.

Le **but moral** *de l'éducation* **civique** est de dégager les conditions de la dignité humaine, le *respect* et *l'amour de ses semblables*, les devoirs du citoyen envers sa famille et la société dont il est solidaire, la *nécessité du travail, de la discipline* et *du principe d'autorité*, enfin le **respect de la Loi.**

Le **but essentiellement pratique** *de l'éducation* **antialcoolique** est de protéger l'individu, la famille, la collectivité, contre les déchéances provoquées par l'alcool.

II. — MODES D'ACTION

L'éducation antialcoolique doit être *continue*, de l'enfant à l'adulte, à l'École comme en dehors de l'École, si l'on veut qu'elle ait un résultat tangible.

A) **A l'égard de l'enfant,** il s'agit de *prévenir le mal* et non de le guérir.

Pour cela, on doit faire pénétrer et raviver souvent dans son esprit la crainte salutaire du fléau alcoolique, lui faire contracter de bonnes habitudes dans la famille, s'attacher du même coup à ennoblir son âme et à développer son cœur. — [Mieux vaut une âme sereine qu'un cœur insensible et un cerveau bourré de notions mal digérées]. — Si l'enfant a acquis pleine conscience de son devoir et de sa dignité, par une forte éducation ainsi comprise, il aura plus tard assez d'énergie pour repousser les tentations et les drogues perfides.

Les petites filles seront émues davantage que les garçonnets par l'évocation des douleurs éprouvées au foyer familial, du fait de l'intempérance du père — de la mère parfois.

Par un *enseignement ménager sérieux, rendu essentiellement pratique* (complément nécessaire des notions antialcooliques acquises), les fillettes doivent apprendre à rendre plus riante la maison aux yeux du père qui en appréciera bien vite l'ordre et le charme, à substituer des vêtements convenables au linge déchiré et aux haillons sordides et maculés, à déployer leurs talents culinaires dans la préparation économique de mets substantiels et appétissants. — Le père, les frères, seront vite soustraits à l'ambiance néfaste du cabaret où s'engloutit avec une large part du salaire quotidien, le souvenir du doux foyer et des joies qu'il procure à qui sait les estimer.

[Il ne rentre pas dans le cadre de cet ouvrage d'envisager les modalités d'un tel enseignement, modalités exposées par nous dans une autre publication (¹)].

Nous ne saurions toutefois passer sous silence les efforts tentés par la *Ligue Nationale contre l'Alcoolisme* (²) pour en assurer le succès chez les enfants de nos Écoles. En vue de stimuler, en effet, le zèle des élèves et des Maîtres au point de vue antialcoolique, nous avons institué depuis 4 ans à la Ligue Nationale, en plein accord avec la Direction de l'Enseignement primaire au Ministère de l'Instruction publique, un concours annuel entre tous les enfants âgés de 10 à 15 ans 1/2 (garçons et filles) des *Écoles publiques du Département de la Seine.*

Ces concours à deux degrés sont suivis de l'attribution de 100 médailles de bronze aux lauréats de la première épreuve (50 garçons et 50 filles) et de livrets de Caisse d'épargne de 50 fr., 20 fr. et 10 fr., aux 16 lauréats de la 2e épreuve (8 garçons et 8 filles). — Environ

---

(¹). Nous renvoyons le lecteur à cette publication : E. Aubert. *Une œuvre de régénération sociale et de salut national.* — É. André, Éditeur (Victorion, successeur), 6, rue Casimir-Delavigne, Paris.

(²) *Ligue Nationale contre l'Alcoolisme,* 147, boulevard Saint-Germain, Paris.

10.000 enfants participent à chaque concours annuel.

En 1919, un concours établi sur un mode un peu différent a été institué *pour les Départements* et nous a permis d'attribuer près de 150 récompenses. Nous espérons qu'en 1920 la valeur des rédactions qui nous seront transmises nous contraindra agréablement à une plus large attribution.

B) **A l'égard des adolescents et des adultes,** il nous faut *réaliser* une œuvre laborieuse, persévérante, *de* relèvement social, *par cette éducation morale et civique* dont nous avons parlé plus haut.

C'est seulement par l'appel à l'*intelligence* et à la *volonté* des intéressés qu'on peut réaliser un progrès véritable (¹).

Les **Associations** et les **Œuvres** où se forme et se développe l'esprit de *solidarité* nous y aideront, et d'autant mieux qu'elles seront elles-mêmes *unies, fédérées.* — Il ne suffit pas cependant d'unir, de fédérer. — « Toute pâte a besoin de

---

(¹). « Nous n'avons pas assez éduqué la volonté, écrit M. Charles Dupuy. Nous n'avons pas assez imbu la jeunesse de l'esprit d'initiative et de responsabilité ; le développement de la volonté n'a pas assez suivi celui de l'intelligence. »

levain ; tout groupement a besoin d'une *élite active* qui en suscite les énergies et en oriente les mouvements : *le* **devoir de prédication** *suit le* **devoir d'union** » (L. Mabilleau) (¹).

Mais au devoir de prédication se superpose le **devoir de coordination** *des efforts*, afin d'aboutir à un rendement vraiment utile. C'est dans ce but qu'au Congrès interallié d'Hygiène Sociale et de Prophylaxie morale (tenu à la Sorbonne en avril 1919), nous avions réclamé déjà l'institution d'un *Comité National d'éducation par les Conférences* (²). Or l'organisme capable d'instituer ce haut Comité et d'en assurer l'activité féconde sur toute l'étendue du territoire n'est-il pas précisément l'**Union des grandes Associations Françaises ?**

Un Instituteur du Gard nous écrivait un jour : « Que de toutes les classes de la société surgissent des hommes et des femmes de cœur, des médecins d'âme et de conscience à la vie pure ; qu'ils aillent dans les campagnes, partout où il y a une agglomération humaine, à instruire et mora-

------

(¹). Discours de M. Léopold Mabilleau à l'Union des Grandes Associations Françaises. — Bulletin n° 1, 3ᵉ année.

(²). Consulter : Congrès interallié d'hygiène sociale pour les régions dévastées par la guerre. 1919. Tome IV, p. 23 à 39. Éditions Ernest Leroux, 28, rue Bonaparte, Paris.

liser, chacun selon ses aptitudes. — Beaucoup de ces apôtres se sont déjà révélés en France ; mais le champ est immense, nombreux doivent être les ouvriers. »

Ce maître de la jeunesse a compris que *l'éducation du peuple n'incombe pas à ses seuls* instructeurs professionnels, mais à tous ceux que leurs connaissances, leurs fonctions, leur conviction et leur patriotisme, désignent à l'accomplissement d'une mission aussi délicate : Savants, Professeurs, Pasteurs de tous les cultes, Médecins, Magistrats, Officiers, Ingénieurs, Économistes, Philanthropes, etc...

Cette véritable **croisade de rénovation** doit se poursuivre :

Pour l'adolescent, dans les cours professionnels, dans les cours d'adultes rendus obligatoires, dans les réunions des Amicales et des Patronages, dans les Sociétés de gymnastique et de sport, etc...

Au régiment, par des causeries éducatives des officiers à la caserne, par celles de conférenciers spéciaux dans les foyers du soldat ;

Auprès des adultes (hommes et femmes), sous forme de lectures commentées de pages dues aux écrivains célèbres, de causeries donnant lieu à des discussions courtoises sur maints sujets de réformes sociales et économiques, de conférences sur les sujets les plus variés touchant l'instruction et l'éducation.

Bien que nous poursuivions ici plus spécialement la **guerre à l'alcoolisme**, remarquons que *tout effort tenté pour susciter le travail de la pensée, de la réflexion et de la recherche* chez l'auditeur, *a pour résultat de le soustraire* — temporairement ou définitivement — *à l'influence pernicieuse du cabaret.*

1º CONFÉRENCES OU CAUSERIES D'ORDRE GÉNÉRAL.

Parmi les questions à traiter, nous pouvons ranger en premier lieu les notions essentielles et *pressantes* concernant l'hygiène générale, l'hygiène de l'alimentation, l'hygiène de l'habitation et de l'exploitation, la puériculture, les maladies microbiennes et les maladies dues à une intoxication. — Puis peuvent être abordés les sujets multiples variables avec les régions (agricole, industrielle, minière, forestière, maritime, etc.). — Les conférences ou simples causeries peuvent porter :

Sur les traditions et les innovations nécessaires ;

Sur les progrès de la science en toutes matières et les révolutions économiques qui en dérivent ;

Sur les transformations qu'entraînera l'emploi généralisé de la houille blanche pour la rénovation de notre outillage économique, l'électrification de nos lignes de chemins de fer et de nos établissements industriels, la transformation de notre système vieillot d'éclairage dans les campagnes notamment ;

Sur l'évolution sociale plus ou moins accentuée des peuples et leurs civilisations comparées.

Sur les relations nécessaires des peuples, la nécessité d'une marine de commerce capable d'assurer les échanges de la Mère-Patrie avec ses colonies et les autres nations, sur la nature et l'importance de ces échanges, sur les pêcheries, etc., etc...

Exposées avec toute la *clarté* et la *simplicité* désirables, ces questions ne peuvent manquer d'éveiller la curiosité des auditeurs, dont un certain nombre seront incités à accroître leurs connaissances par la lecture des ouvrages des **Bibliothèques.** — [Combien en ignorent le chemin, et peut-être même l'existence ?]

2º CONFÉRENCES OU CAUSERIES SUR L'ALCOOLISME.

En ce qui regarde l'alcoolisme en particulier, dont nous avons examiné la néfaste influence, il importe d'en faire saisir au public la *répercussion sur la situation morale, économique et sociale du Pays*, menacé de déchéance totale. — La criminalité, l'aliénation mentale, le suicide, le paupérisme résultant du chômage de l'ouvrier pour cause d'intempérance alcoolique, les relations étroites de l'alcoolisme et de la tuberculose, etc., peuvent faire l'objet d'autant de causeries impressionnantes : il conviendrait de signaler aussi, parmi les Œuvres d'Assistance si lourdes au budget de l'État, celles qui pourraient être supprimées comme *inutiles*, dans un pays tempérant.

LE FOYER CIVIQUE

CHAQUE bourgade, chaque cité — petite ou grande — devrait être pourvue d'un *centre de vie collective* et de *lutte efficace contre les fléaux sociaux* : ce qu'on est convenu d'appeler un **foyer civique.**

Il faut instituer ce Foyer dès maintenant, dans chaque groupement de population des régions dévastées, auprès d'un **Monument du Souvenir.**

SON PLAN GÉNÉRAL. — Un jardin suffisamment vaste, autour duquel seront groupés des locaux de trois sortes :

a) Un local réservé aux Coopératives, « car la coopération est le plus sûr moyen d'union et d'action collective dans la société moderne » (Ernest Charles).

Ce local pourrait servir aussi d'office de placement, d'assurances, de mutualité, etc...

b) Un dispensaire d'hygiène sociale comprenant au moins deux salles : l'une avec nécessaire pharmaceutique, pour les consultations médicales, les consultations de nourrissons, l'hygiène ménagère pratique et bains douches annexes, etc. ; l'autre *réservée aux femmes à titre d'ouvroir*, affectée aux expositions de travail manuel, au chant et autres réunions récréatives et instructives, etc...

c) Un centre d'éducation populaire, à la fois centre *d'instruction*, de *récréation* et même *d'alimentation rationnelle*.

Ce centre d'éducation populaire, — le seul qui nous regarde particulièrement ici, — nous le voudrions ainsi constitué pour une cité de moyenne importance, par exemple :

Une *salle de lecture et de conférences* — salle des fêtes à l'occasion — avec aménagement pour projections cinématographiques, auditions musicales et littéraires ; elle serait pourvue d'une *bibliothèque* alimentée par des moyens variés (¹).

Une *salle de jeux et de consommation de boissons sans alcool* exclusivement.

d) Un restaurant de tempérance pourrait être adjoint à ce Foyer civique, où l'on donnerait à

(¹) Voir E. Aubert, *Une œuvre de régénération sociale*, p. 75-78.

bon compte relatif une nourriture saine et subs-
tantielle avec consommation, permise et *rigou-
reusement limitée*, de vin, de cidre ou de bière, à
l'exclusion de toute boisson distillée.

Un large emplacement serait réservé, dans le
voisinage, pour les *exercices physiques* et les *jeux
de plein air* (ballon, croquet, foot-ball, etc.).

L'ÉDUCATION SPORTIVE
ET L'ANTIALCOOLISME [1]

L développement intensif des sports, en ces trente dernières années, a permis de contrôler, expérimentalement pour ainsi dire, les notions que la science affirmait théoriquement.

La **Science** dit : « Par ses *propriétés anesthésiantes*, l'alcool fait disparaître provisoirement la sensation de fatigue ; il donne ainsi *l'illusion* d'un renouveau de force dont le travailleur des muscles est dupe. Mais, une fois disparue la brève action de l'alcool, la sensation de fatigue renaît, augmentée, aggravée : d'où une *dépression après le coup de fouet.* »

Consultés au sujet des effets de l'alcool, les **hommes de sport**, à l'unanimité, viennent confirmer pleinement ces assertions.

---

(1) Ce chapitre a été rédigé, sur notre demande, par le remarquable éducateur qu'est M. Bocquillon, directeur de l'École publique de la rue Cambon, à Paris.

Une vaste et persévérante enquête, sur les *rapports de l'alcoolisation avec la force musculaire et la résistance à la fatigue*, est due à M. Bocquillon. Elle fait connaître l'avis de *cent* des personnalités les plus renommées, touchant les sports les plus divers : cyclistes, coureurs, boxeurs, lutteurs, tireurs, alpinistes, aviateurs.

Le recueil des déclarations de ces champions, universellement connus, constituerait un véritable volume. C'est le monument le plus impressionnant qui ait été fondé dans l'ordre expérimental et pratique, pour *établir définitivement la vérité* et faire justice du faux et néfaste préjugé : l'alcool donne des forces.

De cette précieuse enquête, dégageons simplement les témoignages suivants :

Le nageur *Burgess*, le champion de la traversée de la Manche, le gagnant de l'épreuve des 24 heures durant laquelle il a parcouru 44 kil. 600, écrit :

« Je ne consomme *jamais d'alcool* pendant mes courses, mais du lait, de la crème, des fruits. »

Le célèbre coureur à pied *Bouin*, mort depuis au champ d'honneur, le vainqueur du non moins célèbre Keyser, déclare :

« *Je n'ai jamais fait usage d'alcool* pour mon entraînement ou à l'occasion d'une épreuve. Je ne bois que très peu de vin à mes repas. Je crois que l'alcool peut donner une *force factice* et momentanée, mais qui occasionnera, par la suite et l'habitude, des troubles de la santé. »

Le professeur de boxe française *Charlemont* a constaté que « l'alcool donne une excitation passagère, un coup de fouet rapidement suivi d'une dépression... On doit s'en abstenir totalement, quand on veut fournir un effort sérieux. »

Le manager du champion *Carpentier* écrit :

« *Jamais une goutte d'alcool* n'a effleuré ses lèvres. »

Le cycliste *Faber*, le géant de la route (tué au front), écrivait :

« L'alcool donne une force et une excitation factices, pour vous rendre *plus abattu* et *plus déprimé ensuite.* »

L'homme « le plus fort du monde », *Maurice Deriaz*, déclare :

« L'alcool ne peut être que néfaste dans l'en-traînement et *je suis un adversaire acharné de son usage.* »

L'aviateur *Brindejonc des Moulinais*, tué pendant la guerre, écrivait :

« L'alcool est *funeste* aux aviateurs. »

Quant aux alpinistes, leur avis est résumé dans la réponse de *Paul Cachat* de Chamonix :

« *L'alcool ne vaut absolument rien* ; au contraire, il vous enlève la force musculaire, et alors la fatigue et le froid ont bonne prise sur le corps. »

CONCLUSION. — L'alcool est l'ennemi des sports, parce qu'il est l'ennemi de la force et de l'endurance.

Ces déclarations brèves, mais décisives, doivent être répandues à profusion dans les milieux sportifs ; elles sont susceptibles de convertir, mieux que tout raisonnement scientifique peut-être, la jeunesse française à la pratique de la tempérance.

LES SOCIÉTÉS ANTIALCOOLIQUES

Qu'est-ce qu'une **société antialcoolique ?** — Un groupement de personnes ayant pris un engagement (*moral* ou *écrit*, peu nous importe) : soit d'*abstinence totale* à l'égard de *toutes les boissons alcooliques ;* soit d'*abstinence concernant les boissons distillées* et de *tempérance* seulement *pour les boissons fermentées.*

Abstinents-Tempérants ! — Est-il tolérable que la vieille querelle du passé subsiste entre ces deux catégories d'antialcoolistes ? Quand l'ennemi saccageait le territoire, tous les partis n'ont-ils pas fait l'*Union sacrée* en vue de le combattre et de le chasser ? Or l'alcoolisme est le redoutable ennemi de l'intérieur ; contre lui, il n'est pas de procédé de lutte qui ne soit utile ; tous sont bons à employer ; l'Union sacrée est aussi indispensable contre cet ennemi que contre l'autre, l'inoubliable.

Mais on peut se demander quelle tactique a *le plus de chance de succès* et *dans le plus bref délai.* Le plus sûr moyen de la découvrir est évidemment de consulter ceux qui ont les rapports les plus intimes avec le Pays — ses **confidents**, pourrions-nous dire, — à savoir les éducateurs de la Jeunesse. Or ces confidents, nous les avons consultés eux-mêmes, *en confidence* ; et, à la presque unanimité, voici ce que les Instituteurs nous ont répondu :

« *Il n'est possible d'aboutir à de sérieux résultats* en antialcoolisme, *dans les masses populaires françaises, qu'en leur conseillant la tempérance* (dans le sens indiqué plus haut) *et nullement l'abstinence totale.* »

En ce qui concerne les **Sociétés antialcooliques**, écoutons cette déclaration d'un Maître de la Jeunesse et faisons-en notre profit :

« Les Associations de personnes qui se soutiennent et s'encouragent mutuellement dans leur résistance aux tentations si fréquentes — de l'alcool surtout — sont d'un concours efficace dans la lutte entreprise contre l'alcoolisme ; toutefois elles ne sont pas suffisantes pour entraver le *vice d'habitude* qu'est l'*ivrognerie* ». — Nous ajouterons, pour compléter cette pensée : « *Il faut une éducation continue* ».

Que, suivant les milieux où ils luttent, *abstinents* et *tempérants* remplissent la mission qu'ils se sont adjugée, le pavillon ne fait rien à l'affaire ; seul importe le résultat.

LISTE DES LIGUES
ANTIALCOOLIQUES- FRANÇAISES

Les Sociétés antialcooliques françaises sont les suivantes :

Ligue Nationale contre l'Alcoolisme, 147, boulevard Saint-Germain, Paris.

La Croix blanche, 147, boulevard Saint-Germain, Paris.

La Croix bleue, 53 *bis*, rue Saint-Lazare, Paris.

L'Espoir, même adresse.

L'Union des Françaises contre l'Alcool, 54, rue de Seine, Paris.

Fédération des Loges Françaises de l'Ordre indépendant et neutre des Bons Templiers, 147, boulevard Saint-Germain, Paris.

Le Ruban blanc, 19, boulevard Elisée-Reclus (Mlle Weyer), Paris.

Société antialcoolique des Agents de Chemins de fer français, 43, rue Saint-Lazare, Paris.

Fédération des Abstinents français, 53 *bis*, rue Saint-Lazare, Paris.

La Croix d'Or alsacienne (Abbé Arnold), 11, place Gutenberg, Strasbourg-Neudorf.

Comité d'Éducation physique et d'hygiène sociale, 1, rue Taitbout, Paris.

L'Alarme, 45, rue Jacob, Paris.

Fédération ouvrière antialcoolique, 11, rue Christian-Dewet, Paris.

Association des travailleurs antialcooliques, 18, rue Fagon, Paris.

LA LUTTE CONTRE L'ALCOOLISME

IMPLIQUE-T-ELLE LA SUPPRESSION
DE LA CULTURE DE LA VIGNE ET DU
POMMIER ?

CETTE question est fondamentale pour les viticulteurs et les cidriers ; aussi devons-nous l'aborder comme corollaire à notre travail.

Au cours des débats qui eurent lieu, à diverses reprises, à l'Académie de Médecine concernant la consommation des boissons alcooliques, les avis furent partagés sur les conséquences de cette consommation : certains des membres de l'Académie sont partisans de *l'abstention totale* ; les autres conseillent la *tempérance* à l'égard des boissons fermentées.

Le vote final de l'Académie (24 août 1913) peut se résumer ainsi :

« **Apéritifs, jamais.** — **Vin** *consommé en*

mangeant, **permis** *à la dose de* **50 centilitres**
par jour (¹).

Cette **tolérance du vin** *n'est applicable qu'aux*
adultes. — Par contre, **l'abstention** *totale* des
boissons alcooliques doit être prescrite à tous
ceux dont l'organisme croît ou est débilité pour
une raison quelconque : les enfants jusqu'à l'âge
de 12 ans, les malades, les vieillards, les femmes
enceintes, les mères allaitant leurs enfants, etc.
(Dr Sérieux, — Ligue Nationale contre l'alcoolisme, — Croix bleue).

En ce qui regarde les *adultes*, **actifs et tra-**
vaillant au grand air, qui font une dépense
d'énergie assez considérable, la dose journalière
de vin peut être portée à 70 centilitres (²).

Dans ces conditions, *l'antialcoolisme des* **tem-**
pérants ne saurait être préjudiciable à la culture de la vigne et du pommier.

Qu'on nous permette un calcul simple pour le
démontrer :

La *production moyenne annuelle du vin* en
France, de 1907 à 1913, a été de 51 millions

(¹) Bien que le cidre ne soit pas mentionné ici, il va
sans dire qu'en raison de son titre plus faible en alcool,
la consommation en peut être tolérée à la dose journalière
de 1 litre environ.

(²) Cette tolérance ne saurait être considérée comme un
encouragement, de notre part, à consommer des boissons
alcooliques (même fermentées).

d'hectolitres ; celle du *cidre*, dans la période de 1904 à 1913, a été de 16 millions d'hectolitres.

Or, la population de la France étant évaluée à 38 millions d'habitants, si nous en défalquons 12 millions d'abstinents (enfants de 12 ans et au-dessous, malades, vieillards, etc..), il reste 26 millions de consommateurs parmi lesquels 5/7 environ boivent du vin ; les 2/7 restant boivent du cidre ou de la bière.

Les 5/7 de 26 millions d'habitants, buvant *70 centilitres de vin* par jour, en consommeraient annuellement 45.625.000 hectolitres.

Les 2/7 de 26 millions d'habitants, buvant *1 litre de cidre* par jour, en consommeraient 27.100.000 hectolitres :

Ce qui signifie que la *consommation modérée des boissons fermentées,* **par les adultes en bon état de santé,** *absorberait notre production annuelle de ces boissons.*

L'alcool extrait des sous-produits serait réservé aux usages pharmaceutiques, chimiques, physiques, industriels, *au grand profit des producteurs.*

Nous serions blâmables de ne pas recommander aux viticulteurs, aux cidriers, à tous ceux qui récoltent des fruits (et particulièrement dans les années d'abondance) d'en utiliser le plus possible sous la forme de raisins secs et de miel de raisin, de pruneaux, de fruits séchés, de confitures, de marmelades, etc. — Qu'ils cessent de fabriquer des eaux-de-vie lamentablement nuisibles à la santé, malgré leur dénomination tant prônée d'eaux-de-vie *naturelles*.

Ainsi, la thèse des antialcoolistes tempérants étant admise, le **fléau de l'alcoolisme** *sera enrayé* enfin, *nos traditions conservées, notre richesse publique accrue,* et *la* **race française** *à jamais préservée.*

LA LÉGISLATION

CONCERNANT L'ALCOOL

L'EFFARANT progrès du mal alcoolique n'a pas laissé impassibles les législateurs français.

On trouve la preuve de leur émotion dans un grand nombre de manifestations oratoires. Mais jusqu'à ces dernières années, ils s'en tenaient là.

Or pour agir contre l'alcoolisme, il n'y a pas d'autre moyen foncièrement efficace que d'agir contre l'Alcool.

« L'Alcool flambe, l'Alcool brûle, l'Alcool tue — non pas ceux qui en boivent », écrit l'organe du Syndicat du Commerce des boissons (¹), « mais les régimes politiques qui veulent empêcher le peuple d'en boire. » — Législateurs et gouvernants français ont trop longtemps pris cette menace au sérieux, sinon pour la stabilité du

---

(¹) *Revue Vinicole* — 18 janvier 1917.

régime, au moins pour l'assurance de leur réé-
lection (²).

Il faut dire que, depuis cinquante ans, **l'alcool
est la Puissance du Jour**. Cette puissance se
développe en même temps que le mal que l'alcool
crée, l'une contrebalançant l'autre.

Dès que le poids du mal sans cesse croissant va
peser sur la conscience du Parlement, dans le
plateau opposé, le développement des fortunes
des distillateurs et marchands de gros, l'extension
de la vigne, la multiplication du nombre des
bouilleurs de cru, le pullulement des débits de
boissons [un demi-million, le quart du chiffre
des patentés français] : bref le poids de ce qu'on
désigne en langage parlementaire sous l'euphé-
misme des « intérêts économiques à ménager »,
vient rétablir l'équilibre en faveur de l'inertie
législative.

Il fallut la guerre et l'excès de nos épreuves
pour donner enfin, à la balance, le coup de pouce
nécessaire. Sous la pression des circonstances et
également à la faveur du réveil moral du pays,
un certain nombre de réformes passagères furent

(²) *Revue Vinicole* — 9 janvier 1919. Compte-rendu du
Congrès national des débitants ; il y est dit qu'une souscrip-
tion de 10 francs seulement par débitant permettrait
d'avoir un « trésor de guerre » de 5 millions pour les pro-
chaines élections.

alors votées contre l'alcoolisme, c'est-à-dire contre l'alcool de bouche ; quelques réformes à titre permanent le furent aussi.

On vit même un Président du Conseil, M. BRIAND, solliciter du Parlement [d'ailleurs en vain], l'autorisation de supprimer complètement l'alcool de bouche pendant la guerre, par voie de décret ; un député, M. Jules SIEGFRIED, déposa une proposition tendant à réaliser la même réforme par le vote d'une loi.

Cette dernière proposition recueillit 47 voix, dont quelques-unes très sujettes à caution ; elle ne les aurait certainement pas réunies dix ans auparavant, malgré leur faible nombre.

La Chambre compte depuis douze ans un groupe antialcoolique qui prit au cours de la guerre d'heureuses initiatives.

Il s'est reconstitué depuis la nouvelle législature sous la présidence d'honneur de M. Jules SIEGFRIED avec M. HERRIOT, député du Rhône, comme président ; il a réuni déjà plus de soixante adhérents.

LA LÉGISLATION D'AVANT-GUERRE

Quoi qu'on en ait dit à la tribune, la France n'avait pas de législation sérieuse contre l'alcoolisme avant la guerre.

On ne peut, en effet, laisser porter ce nom aux quatre seules lois existant au moment de l'ouverture des hostilités : la loi du 23 janvier 1873 qui réprime en principe l'ivresse publique ; — les lois du 17 juillet 1880 et du 31 juillet 1913 qui autorisent les maires et les préfets à fixer autour des édifices publics un périmètre dans lequel serait interdite l'ouverture d'un débit nouveau ; — la loi du 5 avril 1884 qui permet aux maires et aux préfets, s'ils le jugent nécessaire à l'ordre public, de réglementer la vente des boissons au détail.

La loi de 1873 est une loi de police et non de tempérance : elle ne vise que le scandale extérieur — l'ivresse — et dans un lieu public seulement.

Ses pénalités insignifiantes (1 à 5 fr. d'amende), ses difficultés d'application de toutes sortes [difficultés surtout électorales], et le scepticisme avec lequel chacun renonçait à lui faire rendre les pauvres petits services dont elle était capable, nous permettent de ne pas la prendre au sérieux.

La loi de 1880 ne contenait qu'accessoirement la disposition antialcoolique du périmètre de limitation. Son objet principal était au contraire absolument néfaste aux intérêts que nous plaidons ici, puisqu'il consistait à substituer, au régime restrictif d'autorisation administrative pour toute espèce d'ouverture de débit, un régime de liberté d'ouverture, par une simple déclaration : le chiffre des débits augmenta de 56.278 de 1880 à 1890, puis de 22.238 de 1890 à 1900 pour atteindre 435.379.

La loi de 1913 est la loi portant fixation du budget de 1913, et non pas une loi contre l'alcoolisme. Comme le Parlement fait de la loi de finances un véritable « fourre-tout » législatif, il a ainsi intercalé dans celle de 1913 — tout à fait occasionnellement — un article 46 qui attribue aux préfets, dans l'étendue du département, le même droit qu'aux maires, en matière de fixation d'un périmètre de limitation.

La loi de 1884 est la plus intéressante de toutes, et pourtant elle ne contient pas la moindre allusion à l'alcoolisme. Un lecteur novice n'y verrait qu'un texte absolument étranger au sujet que nous traitons.

Elle est intitulée « *loi sur l'organisation municipale de la France.* » — Sur les 180 articles qu'elle comporte pour règlementer l'administration des communes, l'un d'eux, — l'article 97 divisé en 7 alinéas et traitant de la police municipale — renferme les dispositions suivantes :

« La police municipale a pour objet d'assurer le bon ordre, la sûreté..... et comprend notamment :

« 1°. . . . .

« 2° Le soin de réprimer les atteintes à la tranquillité publique ;

« 3° Le maintien du bon ordre dans les endroits où il se fait de grands rassemblements d'hommes, tels que les foires.... cafés, églises et autres lieux publics. »

L'article 94 dit que le maire procède à cette police par voie d'arrêtés ; — l'article 99 donne au préfet le pouvoir de faire respecter dans les mêmes conditions la sûreté et la tranquillité publiques dans toutes les communes du département ou dans quelques-unes d'entre elles.

Il est évident que les législateurs de 1884 n'ont pas pensé forger une arme contre l'alcoolisme, en édictant les dispositions ci-dessus.

Et pourtant c'en est une et c'est, encore aujourd'hui, la plus efficace de toutes, à condition de vouloir l'employer, car elle permet de prendre des arrêtés contre le trouble et le désordre.

Or l'alcool est un agent de désordre par excellence. *Les débits sont des foyers d'insécurité.*

Grâce à la loi de 1884, maires et préfets peuvent prendre s'ils le veulent, à l'égard de ces débits, toutes les mesures de sauvegarde allant, de la fermeture après scandale ou troubles, à la fermeture préventive en cas de grève par exemple, d'effervescence politique, à l'occasion de certains anniversaires redoutables, en temps de mobilisation, d'invasion, d'épidémie, etc.

Moins sévèrement, ils peuvent se contenter de réglementer les heures d'ouverture et la police intérieure des établissements : prostitution et emploi d'un personnel féminin, usage de rideaux à la devanture,... avec des sanctions s'élevant jusqu'à la fermeture de la boutique.

En ce qui concerne l'alcool, rentrent également dans leurs pouvoirs de police, la réglementation de la vente, l'interdiction de certaines formes de commerce telles que la vente foraine, la prohibition à la clientèle féminine ou militaire, enfin l'interdiction totale de certaine consommation, celle qui se fait sur place par exemple.

Tous les maires et tous les préfets font usage de ce droit de police, pour réglementer les débits de boissons au même titre que les autres lieux de rassemblement.

Quelques-uns ont eu le courage d'user plus largement de leur droit de protéger la population et de maintenir l'ordre ; ils ont pris jusqu'à des arrêtés *d'interdiction de la vente de l'alcool de bouche à consommer sur place.*

Rien ne les oblige cependant à le faire ; aussi sont-ils peu nombreux à céder à cette contrainte purement morale. Quand ils le font, c'est à titre individuel, pour leur commune ou leur département ; mais l'indulgence dont le reste de la France — et surtout les communes et les départements voisins — continuent à jouir sous d'autres administrateurs, leur nuit de toutes manières.

En outre, ils rencontrent généralement l'hostilité ouverte des parlementaires de la région et l'hostilité déguisée du Gouvernement. Bientôt on les voit rapporter leurs arrêtés, ou bien personne ne les respecte plus.

D'ailleurs ces arrêtés ne durent que le temps du passage au pouvoir de ceux qui les ont signés : un nouveau maire, un nouveau préfet, viennent abroger les règlements de leur prédécesseur.

Les arrêtés ne peuvent édicter du reste la suppression complète de *toutes* les formes de vente d'alcool, ni une fermeture totale et définitive de tous les débits ou de certains d'entre eux.

Ce serait porter atteinte à la liberté de tous les commerces, proclamée en 1791, même celui de l'alcool qui est un poison, tant qu'une loi ne lui aura pas officiellement confirmé ce caractère de poison, et ne l'aura pas réservé aux usages médicaux.

Ainsi, lorsque la guerre de 1914 survint, aucun texte n'attaquait directement, obligatoirement et pour toute l'étendue du territoire, le *mal alcoolique* dans sa cause formelle qui est la libre diffusion des alcools de bouche, activée par le développement — sans limites et provocateur — du commerce de détail des boissons alcooliques.

****

Il n'existait même pas en France de *fiscalité* un peu rigoureuse, susceptible de diminuer ou au moins de retenir la consommation, par le chiffre élevé de ses tarifs.

L'impôt, qui était avant la guerre de 220 francs par hectolitre d'alcool à 100° — [ce qui ne faisait que 88 francs par hectolitre à 40°, degré habituel de consommation de l'eau-de-vie] — était si débonnaire que le « petit verre » se débitait couramment à deux et trois sous.

Et comme les *bouilleurs de cru* étaient exemptés de toute surveillance dans leur fabrication, que leur consommation privée était exempte de toute taxe, la fraude dans la province française était telle — par leur fait — que, dans certaines régions, les villes seules et les bourgs payaient l'impôt sur l'alcool : les campagnes y échappaient totalement.

Ce n'est pas non plus la *licence* insignifiante sur les débits de boissons et les marchands de gros qui pouvait enrayer l'alcoolisme.

Quant au vin, à la bière, au cidre, au poiré et à l'hydromel — toutes *boissons fermentées* — leur consommation était ouvertement encouragée par la législation et les Pouvoirs publics. Sous le titre inexact de *boissons hygiéniques*, on les opposait aux *spiritueux* (eaux-de-vie, apéritifs et liqueurs).

Ces boissons fermentées n'étaient passibles que

de droits de circulation très minimes ; elles ne supportaient même pas l'octroi : et le droit de licence des débitants de ces boissons avait été supprimé.

Une telle faveur ne diminuait en rien d'ailleurs la consommation des boissons distillées ; par contre, elle contribuait certainement à accroître celle des boissons fermentées : aussi en est-il fait aujourd'hui un véritable abus et leur généralisation constitue en tout cas un *substratum* alcoolique d'autant plus dangereux qu'on s'en méfie moins.

RÉSULTATS DE CETTE LÉGISLATION

Nous avons constaté précédemment la faillite des méthodes abstentionnistes législatives d'avant-guerre.

« Laisser faire le mal par l'alcool et le bien par les sociétés de tempérance ; ceci corrigera cela », proclamaient certains économistes, retranchés dans un optimisme que la vie dément tous les jours.

Le Parlement répétait cette formule commode et croyait en être quitte par ce fait qu'il votait, au budget annuel, une petite subvention à la *Ligue Nationale contre l'Alcoolisme*.

Reconnue d'utilité publique, celle-ci est autorisée dans l'Armée, la Marine et les Écoles publiques.

Depuis 1895, la question de l'alcoolisme figure aux programmes de l'enseignement ; ce qui fait d'ailleurs écrire aux défenseurs de l'alcool ([1]) :

« L'École employée à chasser de la démocratie plusieurs millions d'électeurs, l'École contre le cabaret : redoutable dualité au point de vue électoral ! »

La question de l'alcoolisme figure de même aux programmes des cours d'adultes.

La *propagande des Ligues* et *l'action éducative* ont fait beaucoup ; nous en attendons encore de grandes choses. Et cependant une citation officielle puisée dans le rapport sur les œuvres complémentaires de l'École publique en 1917-1918, [rapport adressé au Ministre de l'Instruction publique par M. Maurice Roger, inspecteur général ([2])], précise qu'il ne faut pas, dans l'état actuel de la législation et de la politique, se faire illusion sur la portée des résultats de ces tentatives.

« Ne signale-t-on pas une école où des enfants ont 44 absences en un mois, parce qu'ils sont employés à l'alambic ? Quelle influence avoir sur des jeunes gens élevés dans le culte de l'Alcool, le respect de l'ivrognerie et la déférence pour ceux qui l'exploitent ? »

([1]) *Revue Vinicole* du 24 mai 1917.
([2]) *Journal Officiel* du 10 décembre 1918, p. 237.

Ce n'est pas seulement en France que, pour reprendre à peu près le mot de Lord ROSEBERY, on voit l'*Alcool maître de l'État, lorsque l'État néglige de se faire maître de l'Alcool.*

Aussi les Nations sont-elles amenées, l'une après l'autre, à renoncer à l'utopie du *laisser faire* et à répondre, par des représailles législatives qui vont quelquefois jusqu'à la prohibition de *toutes* les boissons contenant de l'alcool, au despotisme néfaste que le commerce des boissons a imposé au pays.

La France, poussée à bout elle aussi, manifeste *depuis la guerre* des vélléités d'émancipation qui se sont traduites par les réformes suivantes :

Réformes à titre permanent. — Voici l'énumération chronologique de ces réformes qui ont été votées, à titre permanent, depuis 1914 :

La *loi du 16 mars 1915* a prohibé l'absinthe dont on sait les particuliers ravages, à la fois par sa haute teneur en alcool (65°), par les essences si toxiques pour le système nerveux qu'elle contient, par le fait qu'elle était absorbée à jeun.

La *loi du 9 novembre 1915* a interdit l'ouverture de tout débit nouveau de boissons alcooliques titrant plus de 23° et n'étant pas servies comme accessoires à un repas. Elle interdit également la vente ambulante de ces boissons.

La *loi du 6 mars 1917* s'oppose à l'introduction de tous spiritueux dans les établissements de main-d'œuvre soumis au code du travail ; elle s'oppose aussi à l'admission d'individus en état d'ivresse sur les lieux du travail.

Enfin une *loi du 1er octobre 1917* vient quelque peu renforcer la loi du 23 janvier 1873 sur l'ivresse publique : elle en élève le tarif des pénalités, en facilite l'application ; elle établit qu'il ne devra pas être servi à boire de boissons distillées à des mineurs âgés de moins de 18 ans ; elle ne reconnaît aucune valeur légale aux dettes contractées dans les débits de boissons ; elle réglemente l'emploi des femmes dans les débits et y interdit l'exercice de la prostitution.

****

Fiscalité nouvelle. — La *fiscalité* a subi, depuis la guerre, le contre-coup des difficultés budgétaires de l'État, sans atteindre cependant un taux considérable qui fût en harmonie : soit avec la gêne de nos finances, soit avec la nécessité de comprimer au maximum la consommation d'un poison comme l'alcool.

La *taxe de consommation* passait ainsi de 220 francs à 400 francs l'hectolitre titrant 100°, par la loi de finance du 30 juin 1916 ; puis de 400 à 600 francs, par une loi du 22 février 1918.

Par contre, cette dernière loi supprimait les octrois [ce qui pour Paris, par exemple, représentait une exonération de droits de 200 francs par hectolitre d'alcool à 100°].

A cette taxe de consommation venait s'ajouter, par les lois des 22 mars et 29 juin 1918, la *taxe de luxe* qui s'élève actuellement à 20 % du prix de gros.

Pour terminer, le mode d'imposition de l'impôt des *licences* sur le commerce de détail des boissons était modifié par la loi de finances du 29 juin 1918 qui l'établit en proportion, non plus du chiffre de la patente, mais du chiffre de la population. Sont ainsi frappés désormais de la même licence tous les débitants, petits et grands, de chaque localité.

***

Mesures administratives de guerre. — Cette *législation* permanente est encore bien timide, on le voit.

Plus énergiques ont été, — en principe tout au moins, sinon toujours en application — les *mesures administratives provisoires de guerre* prises sur la suggestion du Gouvernement par les préfets, prises par des municipalités et par des gouverneurs de places fortes, prises enfin par le haut Commandement. Elles ont malheureusement disparu avec le retour à l'état de paix.

Préfets et maires, usant des pouvoirs de police que leur confère la loi de 1884, gouverneurs militaires ou maritimes par la délégation qu'ils en reçoivent en vertu de l'état de siège dans certains ports et certaines places, ont limité la consommation des boissons distillées au temps des repas, l'ont interdite aux femmes, aux militaires et marins en uniforme, au personnel des usines de guerre ; ils ont ordonné la fermeture à 21 h. des établissements ; quelques-uns ont même interdit pendant un certain temps la vente sur place des spiritueux (préfets de la Loire et de l'Eure, maires de Nantes et de Saint-Nazaire, gouverneur militaire de Cherbourg, résident général au Maroc).

Dans la zone des armées, le haut Commandement avait établi une prohibition complète de vente et de consommation des spiritueux, même à l'élément civil.

Il est vrai que la ration individuelle des troupes comportait 0 litre 0625 d'eau-de-vie, mais cette ration n'était attribuée qu'aux éléments en ligne, et pouvait être remplacée sur la demande des hommes par une indemnité représentative : en fait, dans les derniers temps, elle l'était souvent et la consommation d'eau-de-vie sur le front accusa une progression décroissante.

250.000 hectolitres en 1916
200.000 — en 1917
130.000 — en 1918 [1]

Le régime de la réquisition. — Mais ce qu'il y eut surtout d'intéressant, du fait de la guerre, ce fut la *réquisition de l'Alcool d'industrie* au profit de l'État, par une loi spéciale édictée en 1916.

La guerre déterminait une consommation de plus en plus formidable de munitions — chacun sait que l'alcool est indispensable à la fabrication des explosifs. — Et justement la guerre privait les poudreries nationales de leur principal fournisseur d'éthers à l'alcool, l'Allemagne, aussi étonnant que cela paraisse. Elle rendait également très difficile et très onéreuse l'importation d'alcool des pays étrangers.

______

[1] *Revue Vinicole* du 2 janvier 1919.

Parmi ceux-ci, la Russie avait supprimé chez elle la consommation de l'eau-de-vie : ce qui lui permit de nous envoyer, pour nos munitions et nos hôpitaux, cet alcool qu'elle ne voulait plus boire. Quelle leçon de civilisation, donnée par la Russie tzariste à la France républicaine !

C'est alors qu'intervient un certain article 4 de la loi de finances du 30 juin 1916 : il déclare que, jusqu'à la fin de la dernière année de guerre, les alcools d'industrie seront réservés à l'Etat qui se chargera d'en faire à l'industrie et à la pharmacie les rétrocessions dont elles auront besoin.

Par cette mesure, la consommation de bouche n'avait plus pour l'alimenter que les stocks — ils étaient d'ailleurs importants — et la production de l'alcool de cru.

En compensation du monopole de fait ainsi attribué aux bouilleurs, l'article 4 suspendait pour la même durée leur fameux privilège.

On a raconté qu'une tentative de réquisition de *tous* les alcools de bouche aurait été ébauchée par la voie ordinaire de la loi de 1877 sur les réquisitions militaires ; mais que les employés de la Régie, gardiens vigilants des fûts précieux d'Armagnac, de Cognac, de Calvados et de Kirsch naturels, résistèrent passivement à ce qu'ils considéraient comme un sacrilège, et cela jusqu'à l'arrivée d'un contre-ordre supérieur.

On a dit aussi que la question du sacrilège n'y fut pour rien, mais que ces alcools se prêtaient moins bien à la fabrication des poudres et auraient nécessité une coûteuse épuration : ce qui avait fait renoncer à leur usage.

Mais ne raconte-t-on pas également que, depuis la paix, l'Allemagne, continuant à fabriquer des explosifs, achète à cet effet..... des alcools naturels... les jugeant préférables pour les poudres actuelles à haute puissance ? Ce sont, dit-on, des alcools naturels français qu'elle achète, des eaux-de-vie de vin d'Algérie (?)

Toujours est-il que, pour ne pas utiliser nos eaux-de vie à la préparation des munitions, le service des poudres laissa distiller en France, pour ses besoins, d'importantes quantités de grains et de farineux dont beaucoup étaient peut-être des matières avariées, mais dont beaucoup aussi auraient pu servir à l'alimentation humaine ou à celle du bétail. Il dut parfaire à ses besoins en important de l'alcool d'industrie étranger, contre exportation d'or français, en pleine guerre sous-marine et alors que sévissait la pénurie de vivres par manque de fret.

Toujours est-il aussi que, pour ne pas toucher

à nos alcools naturels, on préféra marchander l'alcool aux hôpitaux qui en avaient un si pressant besoin pour opérer ou panser les héroïques blessés de la guerre. *Le commerce des boissons d'abord !* Les blessés et la défense nationale après !

Laissons les récriminations inutiles. Parlons plutôt du bienfait certain que la réquisition a valu au pays, en réduisant la consommation de l'alcool de bouche.

En effet, la réquisition raréfiait le produit.

Du reste, sur les 63 distilleries industrielles que la France comportait, paraît-il [1], avant la guerre, 41 se trouvaient au moment de la stabilisation des fronts en pays envahi : ce qui suffisait déjà à faire baisser énormément l'approvisionnement national en alcool d'industrie ; avant la guerre, cet approvisionnement représentait 81,5 % de la production totale d'alcool de la France.

Les bouilleurs de cru, restés seuls producteurs libres pour la consommation de bouche, développèrent beaucoup leurs opérations : c'est une des

---

[1] Rapport de M. TOURNAN à la Commission de la Chambre des Députés pour l'étude du régime de l'alcool. Paris — Dunod et Pinat — 1918.

raisons de la pénurie et des prix élevés du vin, les vignerons préférant le distiller que le vendre tel.

Astreints cependant par la suspension du privilège à la surveillance du fisc et au paiement de l'impôt, bien des bouilleurs aimèrent mieux s'abstenir de « brûler » que se soumettre aux formalités et à la taxe de consommation.

Enfin la distillation des cidres fut interdite en 1918 et 1919, car le cidre disparaissait, encore plus que le vin.

L'alcool de bouche fut donc relativement rare en comparaison de son abondance illimitée d'avant-guerre, et il atteignit des cours dix et quinze fois plus forts.

Nous parlons des prix au fût, car les détaillants, pour éviter d'effarer la clientèle par les prix trop élevés à la bouteille et au petit verre, prirent bientôt le parti de réduire, par addition d'eau, le degré alcoolique des spiritueux détaillés.

L'hygiène n'y perdait rien.

Cette raréfaction du produit, sa cherté, ont contribué pour une très grande part à abaisser la consommation totale de l'alcool de bouche en France, depuis 1914 jusqu'en 1919 ; cette dernière année a marqué un regrettable relèvement, d'un tiers environ.

Consommation de l'alcool	en 1913... 1.675.000 hectolitres	
	1914... 1.413.000 —	
	1915... 1.186.000 —	
	1916... 897.000 —	
	1917... 770.000 —	
	1918... 584.700 —	
	1919... 831.100 —	

La libération des régions envahies, la démobilisation de l'armée, le retour des prisonniers de guerre sont au nombre des causes de ce relèvement fâcheux, qui s'accentue de mois en mois.

De plus les bouilleurs de cru, stimulés par les prix, ont accru leur production.

D'un autre côté l'État qui, en pleine guerre, ne craignait pas de « rétrocéder » des alcools réquisitionnés à la fabrication des liqueurs, a continué ces fâcheuses pratiques. — On dit que ces rétrocessions s'adressent à la fabrication des liqueurs d'exportation. En admettant qu'elles ne donnent lieu à aucune « fuite » dans le marché intérieur, elles ont « affranchi » pour ce marché la quantité correspondante d'alcool naturel national que les fabricants de liqueurs d'exportation auraient bien été obligés d'absorber.

Nous avons vu en outre en 1919, malgré notre change si onéreux et notre fret si réduit, *l'im-*

portation des alcools de bouche dépasser en 1919 *plus du double* de celle de 1918.

Dans cette estimation, calculée d'après les prix d'avant-guerre, nous ne comprenons pas le commerce des esprits.

** **

Décisions regrettables. — La loi du *30 juin 1916* n'instituait le régime provisoire de la réquisition que jusqu'à l'expiration de la dernière année de guerre.

L'état de guerre a pris fin officiellement le 23 octobre 1919. A la fin de l'année (31 décembre 1919), la production d'alcools d'industrie allait-elle redevenir libre et le privilège des bouilleurs de cru reparaître ?

Les stocks d'État, déjà formidables au moment de l'armistice, s'étaient fabuleusement grossis : en effet, les besoins du service des poudres et du service de santé, auxquels cet alcool était destiné, avaient pris fin avec l'armistice ; mais la réquisition se continuait toujours, ajoutant au budget des charges nouvelles.

Le Gouvernement aurait pu livrer à prix coûtant — ou presque — cet alcool aux dénaturateurs, afin d'en susciter l'emploi en masse pour le chauffage et l'éclairage et de parer ainsi à la

crise du charbon, à la cherté du pétrole et à l'ef-
fondrement de notre change : car le charbon et
surtout le pétrole sont des *produits d'importation* ;
l'alcool au contraire est un *produit national.*

Mais le Gouvernement ne le fit pas.

Bien que l'alcool réquisitionné n'ait coûté à
l'État que 145 francs l'hectolitre, il le recède si
cher aux dénaturateurs que le litre d'alcool à
brûler se vend aujourd'hui aux environs de
3 francs [prix vraiment prohibitif]. Peut-être des
difficultés d'ordre pratique ont-elles commandé
cette politique, à première vue contraire au bon
sens et à l'intérêt national ?...

Le Gouvernement allemand facilite, au contraire, de toutes manières et provoque même, par
des concours, par des expositions d'appareils de
chauffage et d'éclairage, la vulgarisation de
l'emploi de l'alcool dénaturé.

Les hygiénistes cependant se félicitaient de
l'heureuse influence du régime provisoire de
guerre sur la consommation des villes et des
campagnes, et regrettaient qu'il prît fin.

Mais le commerce des boissons attendait avec
impatience la déréquisition du 31 décembre. Il
convoitait même le partage des stocks de l'État.

Les bouilleurs, par contre, manifestaient moins
de hâte à cause du monopole de fait que cette

déréquisition allait leur faire perdre ; ils souhaitaient que leur privilège fût rétabli.

L'État désirait, de son côté, profiter de l'occasion pour instituer un monopole de l'Alcool, en transformant en *régime permanent de paix* ce régime provisoire.

La Chambre fut saisie, au cours de la guerre, de plusieurs propositions à cet effet : elle avait arrêté son choix sur un projet qui maintenait l'abolition du privilège des bouilleurs de cru, et continuait à réserver à l'État la production entière des alcools d'industrie :

L'État devait, en principe, revendre la plus grande partie *à perte* pour les usages industriels, et revendre la moins grande quantité possible (seulement pour équilibrer cette perte) —, à un prix très élevé, pour la consommation de bouche.

Le renouvellement de la Chambre des députés par les élections de novembre 1919 eut lieu avant la fin de la discussion de ce monopole et avant que la périlleuse question électorale des bouilleurs de cru fût abordée.

Le Parlement se contenta, avant de se séparer, de voter la prorogation du régime provisoire jusqu'au 30 septembre 1920, afin de laisser aux Chambres nouvelles le temps de mettre au point un régime définitif.

Par sa composition politique, la Chambre élue

en novembre 1919 paraît peu favorable à un monopole. En attendant qu'elle le discute, les stocks de la réquisition augmentent.

La Commission des finances n'a-t-elle pas résisté, au nom de l'hygiène, au Ministre qui proposait de rétrocéder plusieurs millions de litres de ces stocks à la consommation de bouche, en France, en vue de récupérer quelques millions propres à combler le déficit budgétaire ? Et voici le Syndicat national des vins et spiritueux qui réclame la libération de 30 millions de litres d'alcool à 100° pour la consommation de bouche ! ce qui représente 75 millions de litres d'alcool à 40° à consommer — presque deux litres par habitant !

Peu importe que la Chambre vienne de voter l'élévation du droit de consommation à 1.000 fr. par hectolitre d'alcool à 100° — c'est-à-dire 4 fr. par litre à 40°. — Ce progrès de la taxation compensera à peine la baisse inévitable du prix de vente de l'alcool au détail, par la libération d'une aussi grande quantité d'alcool d'industrie. Le consommateur s'est déjà habitué à payer son eau-de-vie ou son rhum plus cher : Tout n'augmente-t-il pas ? Ses salaires n'ont-ils pas augmenté ? N'est-il pas normal que le cabaretier soit le premier à en profiter ?...

Il faut donc que de pareilles menaces, que la reprise de la discussion du régime de l'alcool, trouvent une opinion publique en éveil.

Il faut que cette opinion publique ait non seulement la vision de l'alcoolisation lamentable de la France, mais aussi la pleine vision de l'insuffisance, de l'inexistence presque de notre législation antialcoolique.

Il faut qu'elle se rappelle que jusqu'ici — et même en pleine guerre — le Parlement a fait capituler l'intérêt national devant les intérêts de quelques-uns.

Cet état de choses doit prendre fin.

Le Parlement va rechercher le meilleur régime définitif de l'alcool. Il n'y en a qu'un : la suppression complète de cet alcool pour la consommation de bouche.

Par contre, il convient d'en favoriser la diffusion très large pour la consommation industrielle.

Quand celle-ci aura atteint le développement désirable, elle absorbera sans difficulté notre production nationale.

Concluons avec l'ancien Président de la République, Casimir-Périer :

« L'alcool dans les lampes, sous les chaudières, dans les moteurs, et non dans les estomacs ! »

III

CONCLUSIONS

CONCLUSIONS

L'alcoolisme est le pire fléau qui menace actuellement la France.

Les masses populaires en subissent la fâcheuse influence, par ignorance ou par indifférence ; beaucoup se refusent à l'évidence ou feignent d'en méconnaître la gravité, en considération de leurs soi-disant intérêts particuliers.

Les mesures les plus énergiques *doivent donc être prises* **pour sauver le Pays ;** il en est temps encore aujourd'hui ; demain il sera trop tard.

Ces mesures sont : les unes *d'ordre éducatif*, les autres *d'ordre législatif* (et ces dernières particulièrement pressantes).

L'action éducative, entreprise depuis plus de 20 ans, à l'École et en dehors de l'École, *n'est pas menée avec assez de persévérance, d'ampleur, de vigueur et d'unité.*

Quant à l'**action législative,** *elle est à peu près inexistante,* non par l'absence de textes de lois — [ils sont trop nombreux et trop confus] — mais par la *mollesse de leur application* et par l'*excessive indulgence* dont on use *à l'égard des délinquants* [débitants et buveurs].

C'est pourquoi l'une et l'autre action ont été examinées et longuement discutées au Congrès interallié d'Hygiène sociale qui s'est réuni à la Sorbonne en avril 1919. De cette discussion ont émané de multiples vœux formulés par la 11º Section du Congrès, vœux dont nous dégageons ici les principaux :

A. Vœux d'ordre législatif.

1º *Application rigoureuse,* par les agents du Pouvoir public, *des lois du 23 janvier 1873 et du 1er octobre 1917 sur l'ivresse publique.*

2º Invitation aux Municipalités d'user des prérogatives que leur confèrent les lois du *17 juillet 1880* et du *9 novembre 1915,* concernant l'ouverture ou l'établissement des débits de boissons.

3º *Réduction du nombre des débits* par voie de rachat effectué, soit par des particuliers, soit par des groupements de particuliers, soit par des municipalités ou des organismes départementaux.

4º *Suppression du comptoir d'alcool* dans un grand nombre de débits, également par voie de rachat dans les mêmes conditions.

5º *Exonération totale* des établissements ne vendant que des *boissons sans alcool.*

6º *Séparation complète de la vente des tabacs,* allumettes, timbres-poste, etc. *et de la vente des boissons alcooliques* (spiritueux et boissons alcooliques dites hygiéniques), quel que soit le degré d'alcool de ces boissons.

7º *Création d'établissements de tempérance* (restaurants ou débits) adjoints aux Foyers civiques, aux usines, etc. ; installation de *kiosques de tempérance* à proximité des usines et y annexés.

8º *Inadmission du privilège des bouilleurs de cru.*

B. Vœux d'ordre éducatif.

9º Étant donné que l'*exemple et la conviction des Maîtres de la Jeunesse sont des facteurs indispensables au succès de la lutte contre* l'**Alcoolisme** *et le* taudis, le Gouvernement est prié d'assurer une *préparation toute spéciale des Instituteurs et des Professeurs*, dans les Écoles Normales et les Universités, *à un enseignement antialcoolique et un enseignement ménager vraiment scientifiques*. [Une riche et scrupuleuse documentation doit être fournie aux Membres de l'enseignement sur ces deux points].

FIN

TABLE DES MATIÈRES

Abbeville. — Imprimerie F. PAILLART.

9 782019 305161